**인클루시브
디자인 패턴**
접근성 있는 웹디자인하기

Inclusive Design Patterns
By Smashing Media AG © 2016
Korean Translation Edition © 2020 by Webactually Korea, Inc.
All rights reserved.

이 책의 한국어판 저작권은 저작권자와의 독점 계약으로 웹액츄얼리코리아㈜에 있습니다.
저작권법에 의해 한국 내에서 보호를 받는 저작물이므로 무단전재와 복사·복제를 금합니다.
이 책 내용의 전부 또는 일부를 사용하려면 반드시 저작권자와 웹액츄얼리코리아의
서면 동의를 받아야 합니다.

인클루시브 디자인 패턴
접근성 있는 웹디자인하기

초판 1쇄 발행 2020년 01월 03일

지은이	헤이던 피커링
옮긴이	이태상
펴낸이	오상준
편집	김영림, 정재은
디자인	포페이퍼, 정재욱
펴낸곳	웹액츄얼리코리아㈜
출판등록	제2014-000175호
주소	서울특별시 강남구 논현로 132길 31 EZRA빌딩 4층
전화	(02) 542-0411
팩스	(02) 541-0414
이메일	books@webactually.com

매거진 웹사이트   www.webactually.com
북스 웹사이트   books.webactually.com
페이스북   facebook.com/webactually
트위터   @webactually

ISBN 979-11-85885-24-7 93000

※ 잘못되거나 파손된 책은 구입하신 곳에서 교환해드립니다.
※ 정가는 뒤표지에 있습니다.
※ 이 도서의 국립중앙도서관 출판예정도서목록(CIP)은 서지정보유통지원시스템 홈페이지
   (http://seoji.nl.go.kr)와 국가자료공동목록시스템(http://www.nl.go.kr/kolisnet)에서
   이용하실 수 있습니다. (CIP제어번호: CIP2019047007)

인클루시브 디자인 패턴
접근성 있는 웹디자인하기

헤이던 피커링 지음 · 이태상 옮김

현실에 아랑곳하지 않고
나를 미소 짓게 하는 나의 팬 아내에게

한국어판 출간에 앞서

한국의 독자들에게

웹은 우리와 우리의 철학, 그리고 우리의 염원을 연결해주는 놀라운 것입니다. 웹에서 제 철학을 개진하면서, 같은 주제에 관심을 가지는 전 세계 사람들을 발견할 수 있었습니다. 아직 한국에 가보지는 못했지만 세계 반대편에서 같은 주제를 위해 애쓰는 사람들이 있다는 사실을 알고 있습니다. 부디 한국의 친구들이 인클루시브 디자인 패턴을 즐기기 바랍니다. 여러분 손에 이 책의 철학이 올려져 있다는 것이 저의 큰 자부심입니다. 우리 함께 웹과 세상을 인클루시브하게 만들어갑시다.

— 헤이던 피커링

추천의 글

헤이던 피커링에 대해 항상 좋은 이야기만 해왔습니다. 하지만 여기에서는 명예훼손 때문에 저자 대신 책에 대해서만 이야기하겠습니다. 이 책은 매우 훌륭합니다. 헤이던은 웹에 내장된 강력한 포괄성과 접근성의 혜택을 누리는 방법을 비롯하여 웹을 올바르게 사용하는 방법을 명확하고 완벽하게 보여줍니다. 따라서 여러분은 어떤 잠재적 고객이나 방문자도 가로막지 않게 될 것입니다. 그들이 여러분의 콘텐츠에 어떻게 접근하든 말입니다.

저도 비슷한 주제로 수년 동안 글을 써왔습니다만 늘 많은 팁과 요령을 새롭게 알게 됩니다. 헤이던이 자신의 음악 취향을 덜 창피하게 만들 저의 제안을 받아들이지 않았다는 점은 조금 안타깝지만(무슨 소리야?) 그래도 이 책을 읽는 일을 미루지 말기 바랍니다. 이 책에는 유용한 지침이 가득합니다. 이를 따른다면 여러분 웹의 곳곳이 모두에게 더 나은 장소가 될 것입니다. 그리고 음악을 추천받고 싶다면 트위터에서 저(@brucel)를 팔로잉하세요.

— 오페라 최고기술부책임자 브루스 로슨[1]

. . .

웹 접근성을 고려한 웹 서비스를 만드는 데는 생각보다 많은 고민과 테스트가 필요합니다. 웹 서비스는 모든 사용자를 포함할 수 있도록 만들어져야 하기 때문입니다. 웹 접근성에 대해 충분한 고민과

---

1 https://www.brucelawson.co.uk

테스트가 이루어지지 않은 서비스는 모든 사용자를 포용하지 못하고 특정한 사용자에게만 제공될 뿐입니다.

이 책이 웹 접근성에 대해 다시 생각해볼 계기가 되기를 바랍니다. 특정한 상황과 조건에만 맞춰 디자인(설계, 개발)하지 않고 모든 상황과 조건을 충분히 고민하고 더 나은 해법을 찾는 것, 이것이 이 책에서 전달하는 인클루시브 디자인의 핵심입니다. 저자는 자신이 조사한 검증된 데이터는 물론, 블로그에서 소통하며 쌓은 경험과 유용한 팁을 제공하여 테스트하기 번거롭고 예측하기 어려운 상황을 예방하려면 기본을 어떻게 견고하게 구성해야 하는지 알려줍니다.

이 책이 여러분의 개발 속도를 향상시켜주거나 개발자로서 삶의 질을 높여주지는 못하지만 어떤 사용자도 소외되지 않는 웹 서비스로 변화하는 점에는 큰 차이와 의미가 있다고 가르쳐줄 것입니다.

만약 개발자라면 함께 일하는 디자이너와 기획자 그리고 주변 동료들과 이 책의 내용을 공유해보세요. 이 책을 읽은 디자이너나 기획자라면 사용자 관점과 사용성에 대한 인식이 바뀌고 개발자와의 공감대도 넓힐 수 있을 것입니다.

기획서 어디에도 없고 프로젝트를 계획할 때도 고려하고 있지 않지만 웹 접근성을 준수하고자 지금도 고민하고 있을 디자이너, 개발자, 기획자를 응원합니다.

— 윤좌진[2]

---

2 감수자 윤좌진은 네이버 Group&CIC Band 웹 서비스 개발자이다. 2006년부터 웹 표준과 웹 접근성에 관심을 가지기 시작했다. 커뮤니티 활동과 웹 접근성 평가 활동을 통해 웹 접근성을 알리는 활동을 했고, "웹 접근성을 고려한 콘텐츠 제작 기법 2.0"과 "한국형 웹 콘텐츠 접근성 지침 2.1" 제작에 참여했다.

일러두기
- 연결이 안 되는 URL은 삭제했다.
- 운영체제 Windows는 마이크로소프트에서 고유명사로 사용하는 윈도우로 표기했다.

차례

한국어판 출간에 앞서 5

추천의 글 6

들어가며 10

문서 22

단락 48

블로그 포스트 70

패턴에 의한 평가 104

내비게이션 영역 118

메뉴 버튼 146

인클루시브 프로토타입 170

제품 목록 180

필터 위젯 208

등록 폼 240

테스트 주도 마크업 268

참고 자료 284

"왜 저래?"
"몰라. 그냥 화장실이 어디냐고 물어봤을 뿐인데."

들어가며

우리가 파티에서 만났다고 상상해보자. 대화한 지 얼마 지나지 않아 당신이 내게 무슨 일을 하는지 물었다. 나는 그냥 "전 디자이너예요"라고 대답했다. 다시 당신이 어떤 디자이너냐고 물어보려는 찰나, 파티를 주최한 친구가 다가와 내 옆구리를 찌르며 말했다.
"잠깐 시간 있어?"

친구는 양해를 구하고 나를 멀찌감치 데려갔다. 당신은 오히려 안도했다. 스스로를 자랑스럽게 '디자이너'라고 밝히는 사람이라면 조금 허세가 있는 지루한 사람일 테니까 말이다. 그런데도 당신은 내가 구체적으로 어떤 일을 해서 먹고사는지 잠시 궁금했다. 달걀 컵을 디자인하나? 최신 유행의 수영복을 만드나? 헬리콥터 미사일 시스템을 구축하나? 디자이너는 무엇이든 의미할 수 있기 때문이다.

파티가 끝날 때까지 우리는 다시 마주치지 못했다. 그러나 다음 날 파티 주최자였던 그 친구가 어젯밤에 끼어든 일을 사과하기 위해 당신에게 전화했다. 통화하면서 당신은 다시 기억을 떠올렸다.
"아, 당신 친구인 그 디자이너와 얘기할 때 말이죠? 괜찮아요. 그건 그렇고, 그분은 어떤 디자인을 하나요?"
"아, 그 친구는 웹디자이너예요."
"아하, 알겠네요."
"네."

이제 이 새로운 정보에 당신이 반응하는 방법은 제멋대로 퍼져 있는 공공 정보의 그물망인 '웹Web'과 당신과의 관계에 달려 있다. 만약 당신이 웹의 생산자이기보다는 소비자에 가깝다면 웹디자이너라는 말만으로도 충분히 이해할 수 있을 것이다. '응, 웹과 관련된 무언가를 디자인하는 거로군. 홈페이지 같은 거 말이지.'

그러나 이 책을 읽는 여러분은 그렇지 않을 것이라고 믿는다. 즉 여러분은 웹의 맥락에서 디자인이라는 이라는 용어가 얼마나 많은 논란과 이론의 여지가 있는 것인지 잘 알 것이다. 웹 분야에 종사하는 많은 사람이 어느 순간에 무슨 생각을 하고 있는지 알 수 없는 경우가 대부분이며 그들의 다양한 재능과 능력 역시 파악하기 쉽지 않다. 도대체 디자이너란 어떤 사람들이며 그들은 무슨 일을 할까?

우리는 오랫동안 이 질문에 대해 서사적이고 희비극적인 잘못된 대답을 해왔다. 표현 수단을 잘못 이해하고 잘못 다룸으로써 결과적으로 우리 스스로를 힘들게 만들고 대중을 속여온 것이다.

다시 생각하는 웹디자인

이 분야의 가장 고질적인 오류는 인쇄된 그래픽 커뮤니케이션 디자인이라는 전혀 호환되지 않는 원칙을 웹에도 적용해왔다는 사실이다. 인쇄물 디자이너의 영역은 예측할 수 있는 미리 결정된 공간으로 제한되고, 허용된 도구만 사용되며, 지속적으로 재생산 가능한 해상도와 색상을 만드는 순수한 비주얼 작업 영역이다. 인쇄된 디자인은 정적이고 불변하는 인공 생산물이다.

이 같은 생각은 웹에 전혀 맞지 않는데도 픽셀 수준의 완벽성과 같은 무의미한 일에 우리의 에너지를 쏟아붓게 하며 우리를 불분명한 임의의 두 그룹인 디자이너와 개발자로 분류했다. 마치 콘텐츠 편집자나 프로젝트 관리자는 원래 없던 것처럼 말이다.

진실은 이렇다. 디자인 작업은 숙고의 과정이다. 즉 주어진 문제에서 최선의 해법을 추구하는 일이다. 디자인을 시각적 미학의 영역으로 격을 낮추는 순간, 오히려 웹의 많은 부분은 비디자인적undesign

이 된다. 이는 비접근성inaccessibility, 성능 저하, 그리고 당연히 전반적인 공익의 취약성을 초래한다.

이 책의 목표는 웹에 알맞은 디자인적 사고, 즉 디자인 싱킹design thinking을 길러 웹디자인 분야의 발전에 다음과 같은 (놀랍게도 최근의) 몇 가지 원칙을 인지시키는 데 있다.

- 웹은 코드로 이루어지며 반드시 디자인되어야 한다. 따라서 코드로 하는 디자인은 올바른 재료를 사용하는 일과 같다. 이것이 최고의 작업 규범이다.
- 웹을 통해 작성하거나 표현하는 내용, 즉 콘텐츠는 디자인 싱킹의 필수 대상이며 다른 모든 디자인 결정 사항은 그것을 가능하게 해야 한다.
- 웹 페이지는 불변의 존재가 아니므로 계속 변화하는 동적 콘텐츠를 잘 견뎌야 한다. 콘텐츠는 합의된 패턴으로 재사용이 가능한 개별 컴포넌트 측면에서 관리되어야 한다.
- 인간은 누구나 웹사이트 또는 애플리케이션 사용자. 따라서 각기 다른 능력, 취향, 환경을 모두 포용하는 것이 매우 중요하다. 항상 그렇듯이 사람은 모두 다르며 그 모두를 포괄할 수 있는 인터페이스, 즉 인클루시브 인터페이스inclusive interface가 가장 튼튼한 인터페이스다.

인클루시브 디자인

이 특별한 책의 주제와 목적상 가장 중요한 것은 마지막 원칙이다. 인클루시브 패턴을 고민하기에 앞서 먼저 인클루시브 디자인을 정의

해야 한다. 인클루시브 디자인inclusive design은 개별 기술이 아닌 하나의 사고방식이다. 따라서 비유를 통해 설명하는 것이 좋을 듯하다.

여기 제이슨JSON 형식으로 주소를 나타내는 속성이 있다.

```
"address": "84, Beacon St, Boston, MA 02108, United States"
```

이제 핸들바Handlebars 등과 같은 템플릿 라이브러리를 사용해 이 주소를 화면에 출력하고 싶다면 {{this.address}}와 같이 코드를 작성할 수 있다. 좋다. 그런데 주소의 국가 부분만 참조하고 싶다면 어떻게 해야 할까? 앞에서와 같이 데이터가 하나의 문자열인 경우 'United States' 부분만 추출되게 다음과 같은 식의 도우미 함수helper function를 만들어야 한다.

```
Handlebars.registerHelper('getCountry', function(address) {
  return address.split(',').pop();
});
```

이 같은 방식을 종종 핵hack이라 부르는데, 허술하고 난잡한 해결 방법이라는 의미다. 핵은 나쁜 디자인bad design의 징후다. 상대적으로 무거운 연산을 하는 도우미 함수를 사용해야 할 뿐 아니라 신뢰조차 할 수 없다. 이 세상 모든 주소의 마지막 부분이 국가는 아니기 때문이다. 이를테면 영국 주소에서 마지막은 대개 우편번호다.

```
"address": "85-87, Gwydir St, Cambridge, England, CB1 2LG"
```

좀더 강력한 해결책은 주소를 객체로 만들고 주소의 각 부분을 객체 속성에 저장하는 방법이다.

```
"address": {
  "building": "85-87",
  "street": "Gwydir St",
  "city": "Cambridge",
  "country": "UK",
  "zipOrPostcode": "CB1 2LG"
}
```

이제 간단하게 `address.country`를 사용해 국가를 참조할 수 있게 되었다.

이는 훨씬 더 나은 접근 방법으로 보인다. 과연 그럴까? 많은 국가의 주소 체계를 사용할수록 그 종류가 너무 다양해 고정된 속성들을 미리 정의하는 일이 불가능하다는 사실을 알게 될 것이다. 그보다는 하나의 문자열을 통째로 쓰는 것이 더 맞다. 애당초 국가를 추출할 수 있는 방법을 모를 수도 있지만 차라리 그 편이 나을 수도 있다.

어쨌든 데이터 구조를 고민하고 추가적인 해법을 찾는 노력을 디자인이라고 하며 이는 어도비Adobe 라이선스나 스케치Sketch 프로그램과는 관계가 없다. 사실 이것이 바로 일종의 인클루시브 디자인이다. 즉 여기서는 서로 다른 종류의 주소들을 포함할 수 있는 올바른 해법을 말한다. 일관되고 정형화된 주소 체계를 바라지만 현실은 그렇지 않다. 대신 그런 점을 감안하면 된다.

앞에서 언급한 '데이터 구조'와 '주소'를 각각 '인터페이스'와 '사람'으로 바꾸면 그것이 바로 인클루시브 인터페이스 디자인inclusive interface design을 요약한 내용이 된다.

인클루시브 인터페이스 디자인의 가장 큰 압권은 탄탄한 데이터

스키마를 설계하는 일과 마찬가지로 배타적이거나 그 밖의 한물간 방식들보다 결코 어렵거나 복잡할 필요가 없다는 것이다. 단지 다를 뿐이다. 이 책은 포용성inclusivity이라는 렌즈를 통해 통상적인 웹 인터페이스 패턴들을 검토함으로써 더욱 폭넓은 사용자층을 확보하고 더 만족하는 사용자들을 얻을 수 있는 규칙 적용법을 알려줄 것이다.

인클루시브 버튼

더 간단한 예제로 많은 사람이 따르는 프로토타입 인터페이스 패턴 하나를 알아보자. 대화형 요소 중 하나인 버튼을 세 유형의 디자이너 관점에서 살펴볼 것이다. 이 예제의 목적은 표현 수단에 대한 약간의 지식이 어떻게 더 간결하면서도 더 포용적인 해법을 끌어낼 수 있는지 보여주는 것이다.

그래픽 디자이너

첫 번째 디자이너는 그래픽 디자이너 출신이다. 그는 결코 해상도가 300dpi 미만인 파일을 만들지 않으며 색채 이론과 관련된 실전 지식으로 무장되어 있다. 또한 그의 활자와 삽화(타이포그래피와 일러스트레이션)는 생동감이 넘친다. 그의 입장에서 버튼이란 시각적 창작물의 하나다. 현실 세계의 버튼과 얼마나 비슷하게 만들지, 그와 동시에 전체 디자인 브랜딩에 어떻게 어울리게 할 것인지를 고민한다. 그는 버튼을 웹 페이지에 올려놓거나 작동하게 만드는 방법은 알지 못한다.

코딩하는 디자이너

두 번째 디자이너 역시 첫 번째 디자이너가 보여준 기술의 상당 부분을 갖추고 있으나 한 가지 중요한 차이가 있다. 이 디자이너에게는 웹 페이지에 버튼을 보이게 하고 자바스크립트 이벤트 리스너를 첨부할 수 있는 충분한 수준의 HTML, CSS, 자바스크립트 지식이 있다는 점이다.

버튼을 나타내는 HTML 코드는 다음과 같다.

```html
<div class="button"></div>
```

또한 CSS 코드는 다음과 같을 것이다.

```css
.button {
  width: 200px;
  height: 70px;
  background: url('../images/button.png');
}
```

자바스크립트 코드는 제이쿼리jQuery나 앵귤러JSAngularJS API를 사용해 작성할 수도 있지만 웹 API(순수 자바스크립트)를 사용한다면 다음과 같을 것이다.

```javascript
button.addEventListener('click', function() {
    // 클릭되면 수행할 로직
});
```

두 번째 디자이너는 아이디어를 웹으로 옮기는 능력을 쌓는 과정에서 웹 관련 코딩을 배운 사람이다. 어떤 상황에서는 특이한 사용자를 위한 작업도 가능하다. 그러나 불행히도 그는 그래픽 디자인을 코드화한 것이지 코드로 디자인을 한 것은 아니다. 곧 등장할 세 번째 디자이너는 잘 알고 있을 테지만 사실 그래픽 디자인과 웹 인터페이스 디자인 사이에 교환할 수 있는 것들은 거의 없다.

인클루시브 디자이너

세 번째 디자이너는 두 번째 디자이너의 버튼을 다양한 각도에서 바라본다. 모든 잠재적 사용자의 관점을 상정한다는 의미다. 따라서 현재 구현된 버튼에는 여러 문제가 있음을 알 수 있다.

첫 번째 문제는 무시할 수 없는 수의 사용자들이 웹 페이지를 쉽게 읽으려고 확대 기능을 사용한다는 사실과 관련이 있다. 버튼이 벡터 이미지가 아니라면 확대나 축소할 때 계단 효과나 흐려지는 효과가 나타날 수밖에 없다. 이는 사용자가 페이지 전체를 늘리거나 축소할 때만 해당된다. 만약 브라우저의 기본 폰트 크기만 따로 조정한 경우라면 상댓값이 아닌 절댓값(픽셀)으로 정의된 이미지의 크기는 변하지 않는다.

또 다른 문제는 사용자가 네트워크 사용량을 아끼기 위해 모바일 브라우저에서 이미지 로딩 옵션을 껐을 때 발생한다. 이 경우 완전히 이미지로만 구성된 버튼은 보이지 않게 된다. 포어그라운드와 백그라운드 이미지 구별이 어려운 사용자는 MS 윈도우의 고대비 모드high contrast mode[1]를 켤 수도 있다. 이는 어떤 상황에서는 백그라운

---

1 http://smashed.by/hicontrast

드 이미지가 사라지는 결과를 가져온다.[2]

이것이 끝이 아니다. `<div>` 요소는 `<button>` 요소와는 달리 현재 상태로는 키보드로 포커스를 주거나 조작할 수 없다. 어떤 사람들은 웹 페이지를 내비게이션하거나 조작하기 위해 키보드를 사용하기도 한다. 그러나 자신이 발휘할 수 있는 최대 능력이 마우스 조작에 필요한 정밀함에 미치지 못하는 사람들은 반드시 키보드를 사용해야 한다.

스크린 리더Screen reader(화면 낭독 프로그램) 사용자는 심각한 시각장애를 겪는 사람이거나 웹 페이지를 컴퓨터 음성으로 듣는 편이 더 나은 사람이다. 두 번째 디자이너의 버튼은 이 사용자를 철저히 배제한 디자인이다. 또한 데스크톱 스크린 리더 사용자 대부분은 키보드 사용자이므로 키보드 사용자와 같은 문제를 겪게 된다. 게다가 `<div>` 요소는 의미상으로도 아무 역할을 하지 않는다. 현재 요소의 실체가 버튼이라는 어떤 정보도 제공하지 않기 때문이다.

버튼에 'Start'라는 레이블이 있다 해도 이는 CSS 프레젠테이션 레이어의 일부로서 백그라운드 이미지에 포함되어 있으므로 이 역시 보조 기술assistive technology로는 유효하지 않다. 이는 버튼이 다른 언어로 번역되지 못하는 이유이며, 따라서 해외 사용자들을 배제시킨다. 결국 많은 사람을 놓치게 된다.

인클루시브 디자이너는 이런 문제들을 예측한다. 여러 면에서 사람들이 경험을 통해 모두 다르다는 사실을 알고 있기 때문이다. 이로 인해 위축되거나 좌절하는 대신 표준 규약을 잘 활용하면 적은 노력으로도 더 많은 것을 이룰 수 있다는 사실을 알고 있다. 다시 말해 인클루시브 디자이너는 어떤 경우에 디자인하고, 어떤 경우에

---

2 http://terrillthompson.com/blog/182

이미 디자인된 것을 채택할지 알고 있다. 여기서는 HTML 명세에서 표준으로 제시하는 HTML 버튼을 사용하면 된다. 이 버튼은 크기 조절이 되고, 번역이 가능하며, 포커스를 줄 수 있고, 호환이 가능하다. 또 스타일을 적용하거나 변경할 수 있으며 유지보수가 가능하고 가변적이며 무엇보다도 다음과 같이 간단하다.

```
<button>Start</button>
```

모든 인클루시브 디자인 해법이 지금과 같이 알맞은 HTML 요소를 고르는 수준 정도로 쉽지는 않다. 그렇다고 간단한 표준 요소와 일상적 구조를 조합하는 일이 어려울 필요는 없으며 예술적 재능을 방해하지도 않는다. 이를테면 `button`은 여전히 무한한 방법으로 다르게 표현할 수 있다.

> 16진 코드로 나타낼 수 있는 색의 조합은 140조7374억7996만6720가지다. 당연히 전부 다 사용할 수는 없다. 그중에서 오직 1퍼센트만 사용 가능하다. 이는 남은 인생에서 보게 될 모든 자전거 보관소를 칠할 수 있는 색의 가짓수보다 훨씬 많을 것이다."
>
> — 애덤 모스, "무지의 장막"[3]

경험상 디자인 문제에 대해 수없이 많은 인클루시브 해법을 찾는 일은 습관처럼 자연스러운 일이 될 수 있다. 이 책에서 모범 사례로 재사용할 수 있는 패턴은 대부분 실전을 위한 것이다. 또 다른 인클루시브 패턴을 만들어야 하는 새로운 문제가 나타날 때 여러분은

---

[3] http://mrmrs.cc/writing/2016/03/23/the-veil-of-ignorance/

패턴을 고안하는 방법을 알고 있을 것이다. 이미 인클루시브 디자이너가 되어 있을 테니까 말이다.

"응, 디자인 잘빠졌네. 그런데 사람은 어디로 들어가?
문은 어디 있어?"
"뭐? 누가 뭘 어떻게 한다고?"

문서

이 책의 다른 장에서는 모듈이나 컴포넌트로서의 여러 인터페이스 패턴을 개별적으로 살펴볼 것이다. 하지만 그 패턴들이 궁극적으로 웹 문서에 포함된다는 사실을 인식하지 않는다면 아무 의미가 없다. HTML 페이지는 형태와 크기가 극적으로 다양해졌으며 어떤 패턴의 조합이라도 수용할 수 있게 되었다. 그러나 우리가 따라야 할 웹 문서 수준의 모범 사례는 여전히 몇 가지가 존재한다.

여기서의 목적은 최종적인 상세 표준 코드를 추구하는 것이 아니라 인클루시브 인터페이스를 위한 상위 수준의 웹 페이지를 구성하는 것이다.

문서 형식

구식의 정적 페이지든 싱글 페이지 애플리케이션Single-Page App: SPA 이든 웹 페이지는 하나의 웹 문서다. 항상 코드 첫 줄에 있는 `<!DOC-TYPE html>`의 'DOC'이라는 부분이 바로 그 증거다. 이는 우리가 아무리 감각적이고 역동적인 디자인을 한다고 해도 실제로는 여전히 브라우저 안에 콘텐츠를 넣는 일에 불과하다는 의미심장한 암시다. 브라우저는 스크린 리더와 같은 서드파티third-party 보조 기술을 통해 콘텐츠 해석에 도움을 주는 역할도 하지만 브라우저 자체는 사용자가 다양한 방법으로 보강하고 설정할 수 있는 하나의 인터페이스임을 잊지 말아야 한다. 따라서 우리가 만드는 인터페이스는 브라우저에 부속되며 사용자의 저마다 다른 설정과 구성을 잘 견뎌야 한다.

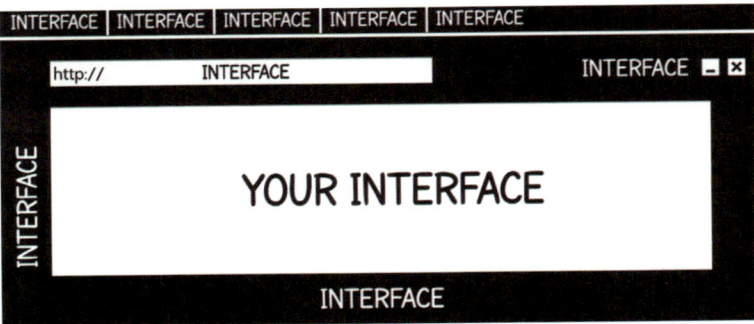

우리가 만든 인터페이스만이 사용자가 브라우저를 열고 상호작용하는 유일한 인터페이스는 아니다.

게다가 DOCTYPE 선언이 누락되면 예측할 수 없는 잘못된 동작을 일으킬 수 있다. DOCTYPE이 없으면 브라우저는 콘텐츠를 해석할 방법을 알 수 없으며 표준을 준수하지 않는 비호환 모드로 퇴보한다. 이른바 쿼크 모드quirks mode[1]가 된다. 결국 레이아웃과 상호작용 기능은 오류가 발생하기 쉽고 예측할 수 없게 된다. 나는 웹 페이지를 테스트할 때 무언가 이상한 느낌이 들면 항상 DOCTYPE을 가장 먼저 확인한다. DOCTYPE에 덴 경험이 한두 번이 아니기 때문이다.

lang 속성

DOCTYPE이 현재 문서 형식을 브라우저에 알려준다면(앞의 예제에서는 HTML5 문서) `<html>` 요소의 `lang` 속성은 사용된 언어를 알려준다.

---

1 http://smashed.by/quirksmode

HTML이나 XHTML 같은 언어를 말하는 것이 아니라 영어나 프랑스어를 말한다.

```
<html lang="en"> <!-- 영어 사용 -->
```

자주 누락되겠지만 웹 페이지 언어를 선언하는 일은 좀더 중요하게 다루어야 한다. 언어 선언은 검색엔진이 찾아보기index를 하기 좋게 할 뿐만 아니라 구글 번역 API[2] 같은 서드파티 도구가 쉽게 해석할 수 있도록 하기 때문이다. 또한 사용자가 웹 페이지에 무언가를 작성할 때에도 도움이 된다. 이를테면 파이어폭스는 `<textarea>`의 내용에 실시간 맞춤법 검사를 위해 해당 언어에 맞는 사전을 적용한다.

그러나 가장 심각한 사안은 따로 있다. 언어 선언을 하지 않았거나 잘못된 언어 선언을 한 웹 페이지는 스크린 리더가 컴퓨터 음성을 알맞은 언어로 적용하지 못하게 만든다는 점이다. 예를 들어 언어 선언을 `<html lang="en">`으로 했으나 실제로 페이지 텍스트는 프랑스어인 웹 페이지가 있다고 하자. 이 경우 스크린 리더는 정통 프랑스어 발음을 하는 자크Jaques가 아닌 프랑스어 발음이 서툰 잭Jack을 컴퓨터 음성으로 선택할 것이다.

```
<p>Il ne faut pas mettre tout dans le même sac!</p>
```

언어 선언은 스크린 리더와 점자 디스플레이에 득이 된다는 점 외에도 브라우저가 올바른 문자 집합character set의 시스템 폰트를 사

---

2 https://cloud.google.com/translate/docs

용하는 데 도움이 된다. 한 예로 lang="zh-Hans"는 브라우저가 중국어 간체 폰트를 사용해 렌더링하게 만든다. 적합하지 않은 문자 집합으로 렌더링되어 왜곡된 텍스트는 모든 독자를 포괄하지 못한다. 즉 최적의 인클루시브 디자인이 아니라는 의미다. 전혀 과장이 아니다.

페이지 안에서 언어를 전환할 수도 있다. <body> 안의 자식 요소에 lang 속성을 사용함으로써 가능하다. 예를 들어 영어로 지정한 페이지에 프랑스어로 된 인용문을 넣는다면 다음과 같이 할 수 있다.

```
<blockquote lang="fr">
  <p>Ceci n'est pas une pipe</p>
  <p>— <cite>René Magritte</cite></p>
</blockquote>
```

CSS 안에서는 :lang이라는 가상클래스를 사용해 프랑스어로 선언된 어떤 부분이든 선택할 수 있으며 이를 통해 프랑스어 문자 집합에 어울리는 폰트를 적용해 가독성을 높일 수 있다.

```
:lang(fr) {
  font-family: French Font, fallback, sans-serif;
}
```

lang 속성은 웹 문서의 가독성, 번역 용이성, 콘텐츠 호환성을 개선함으로써 전 세계 방문자에게 편의를 제공할 수 있다. lang 속성을 사용하는 일은 매우 쉬우므로 바로 달려가서 이 속성을 포함시키기 바란다.

반응형 디자인

반응형 디자인responsive design은 인클루시브 디자인의 큰 부분을 차지한다. 사용자 환경에 반응하고 적응할 수 있는 문서를 설계함으로써 시장을 점령하고 있는 주요 디바이스와의 호환성을 높일 수 있다. 이 책에서 반응형 디자인을 자세히 논의할 수는 없다. 그러나 인클루시브 디자인을 지원하는 반응형 디자인의 일부 원칙은 알고 있어야 한다.

콘텐츠 중단점

진정한 인클루시브 경험을 만들고 싶다면 특정 디바이스의 특정 뷰포트viewport(디바이스에 맞는 미디어 쿼리 중단점)를 기준으로 하는 설계는 부질없다. 디바이스마다 각기 다른 뷰포트가 너무 많기 때문이다. 그 대신 처음부터 완전히 유연한 설계를 해야 하며 콘텐츠가 레이아웃을 망치는 경우에만 중단점을 삽입해야 한다. 따라서 이를 **콘텐츠 중단점**content breakpoint 또는 조정점tweakpoint이라고 한다.

    콘텐츠 중단점을 쓰면 수동으로 테스트할 때보다 훨씬 더 많은 디바이스의 레이아웃 지원이 보장된다. 우리에게 초능력이 있거나 모든 사용자의 개별 디바이스 설정을 예측할 수 없다면 유일한 방법은 콘텐츠 중단점이다.

    파이어폭스의 반응형 디자인 모드[3]를 사용하면 콘텐츠 중단점의 위치를 쉽게 결정할 수 있다. command + option + m 키를 누른 다음 콘텐츠가 충돌하거나 겹치는 등의 현상이 나타나는지 확인하면

---

3 http://smashed.by/rdmode

서 뷰포트의 크기를 조절할 수 있다. 반응형 디자인 모드의 인터페이스에서는 현재 뷰포트의 크기를 보여주므로 중단점을 기록하거나 주의를 기울이기 좋다.

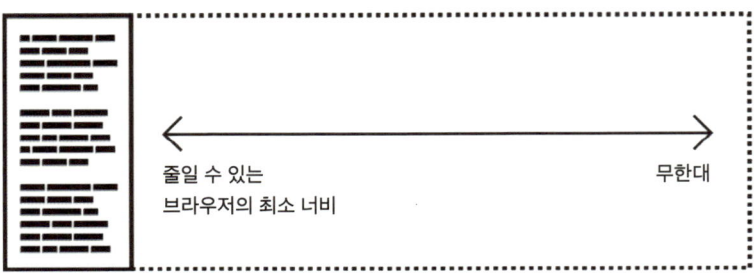

반응형 디자인은 모든 너비를 지원해야 한다. 그러나 모든 너비에 중단점을 설정해야 한다는 의미는 아니다.

인터페이스는 간단명료할수록 유용하며 중단점을 관리하기에도 편하다. 경험 법칙에 따르면 어떤 요소에도 고정된 너비나 높이를 지정하면 안 된다. CSS 플렉스박스flexbox 고유의 유연성이란 서로 다른 공간에서도 똑같은 콘텐츠를 감당한다는 의미이기 때문이다. 개발자 CSS가 없는 웹 페이지는 이처럼 작동하며 CSS가 포함되는 경우라도 여전히 이런 근본적인 작동 방식을 존중해야 한다.

핀치줌 허용

반응형 디자인이 마법처럼 적용되는 지점이 바로 `viewport`라는 메타 태그다. 그러나 습관적으로 콘텐츠의 확대나 축소, 즉 줌zoom을 가능하지 않게 함으로써 사용자 경험을 덜 마법스럽게 만드는 지점이기도 하다. 나는 트위터 팔로어들에게 인클루시브 디자인과 관련해 디자이너들이 가장 많이 하는 실수에 대해 비공식적으로 설문한 적이 있다. 가장 많은 대답은 핀치줌pinch-zoom을 쓰지 못하게 한 일이었다.

명확하게 알아보자. 다음 중 첫 번째는 바람직하지 않은 예이며 두 번째는 올바른 예다.

```
<!-- 이렇게 하지 말 것 -->
<meta name="viewport" content="width=device-width, initial-scale=1.0, minimum-scale=1.0, maximum-scale=1.0, user-scalable=no">

<!-- 이렇게 할 것 -->
<meta name="viewport" content="width=device-width, initial-scale=1.0">
```

에이드리언 로젤리Adrian Roselli는 줌을 못 하게 하는 일이 인클루시브 디자인을 약화시키는 이유[4]를 다음과 같이 정리했다.

- 사용자가 읽기 힘들 정도로 텍스트가 너무 작아질 수 있다.
- 사용자는 이미지를 더욱 자세히 보고 싶어할 수 있다.
- 텍스트가 클수록 단어를 선택해 복사나 붙여넣기하기 편할 수 있다.
- 사용자는 성가신 애니메이션 요소를 화면 밖으로 밀어내고 싶어할 수 있다.
- 개발자가 반응형 디자인을 잘못 구현했는데, 사용자는 단지 페이지를 사용하기 위해 줌을 원할 수 있다. 실제로 흔한 일이다!

---

4 http://adrianroselli.com/2015/10/dont-disable-zoom.html

- 브라우저의 버그나 비표준 기능(이 또한 버그다) 때문에 기본 배율이 이상할 수 있다.
- 사용자가 두 손가락을 오므리거나 벌릴 때, 즉 핀치나 스프레드 제스처를 취했을 때 다른 반응이 나오면 당혹스러울 것이다.

브라우저 자체도 인터페이스라고 했던 말을 떠올려보자. 인클루시브 디자인을 잘 완성하려면 디자이너는 조력자가 되어야 한다. 콘텐츠를 보는 방법과 상호작용하는 방법을 사용자 스스로도 설정할 수 있게 하는 조력자 말이다. 사용자를 위한 결정을 적게 할수록 사용자는 스스로 할 수 있는 것이 많아진다.

만약 사용자가 줌을 했는데 레이아웃이 깨진다면 잘못은 사용자가 아닌 디자인에 있다. 줌 기능 제거는 해법이 아니다. 경험 법칙에 따르면 요소 위치를 지정하는 일, 특히 `position: fixed`를 사용하는 일은 피해야 한다. 특정 위치에 고정된 어떤 요소든 콘텐츠가 확대되었을 때 사각지대를 만드는 원인이 될 수 있기 때문이다.

폰트 크기

많은 데스크톱 브라우저가 기본적으로 16픽셀 크기로 폰트를 렌더링한다. 그렇게 큰 기본값을 채택한 데는 그럴 만한 이유가 있다. 시력이 좋지 않은 연장자를 포함한 거대 사용자 집단이 이탈하는 것만큼 위험한 일은 없기 때문이다. "하지만 우리 사용자들은 젊고 힙하다고!"라고 말할 수 있다. 그러나 넉넉한 폰트 크기가 젊고 예민한 사람들을 불쾌하게 만들지는 않는다. 인클루시브 디자인의 핵심은 특별한 집단을 대상으로 삼는 것이 아니라 어떤 집단이든 함부로 배제하지 않는다는 점에 있다. 배제해서 득이 될 것이 없기 때문이다.

아마도 다음과 같이 루트 요소(`<html>`)에 퍼센트(%)를 사용해 폰트 크기를 지정하는 방법은 이미 익숙할 것이다.

```css
html {
  font-size: 100%;
}
```

만약 사용자가 운영체제나 브라우저 설정(예컨대 파이어폭스에서는 환경 설정 → 글꼴과 색상)을 수동으로 변경하지 않았다면 앞의 예제에서 `100%`는 `16px`과 같다. 따라서 `100%`는 정확하게 '기본 설정된 크기나 사용자가 변경한 크기 그대로'라는 의미다. 만약 다음과 같이 명시적으로 `16px`을 지정한다면 이는 자신의 취향대로 폰트 크기를 조정할 수 있는 사용자의 권한을 훼손하는 것이다.

```css
html {
  /* 이렇게 하지 말 것 */
  font-size: 16px;
}
```

많은 사용자가 command(또는 Ctrl)와 + 키를 통해 전체 페이지 확대 기능을 사용한다. 그러나 오늘날 브라우저나 운영체제는 텍스트 크기 조절도 여전히 지원하므로 디자이너 역시 이를 지원해야 한다. 따라서 `font-size`, `padding`, `margin`은 모두 비례적으로 크기 조절이 되도록 해야 하며 이는 상대적인 크기 단위 `rem`이나 `em`을 사용해야 한다는 말이다.

이는 미디어 쿼리의 복잡성도 상당히 낮출 수 있다. 다음에 살펴볼 예제에서 `p`의 `line-height`와 `margin`은 비례적으로 크기가 조절

될 것이다. 두 가지 모두 `font-size`에 상대적인 크기로 지정했기 때문이다. 모든 것이 비례적이므로 다음 미디어 쿼리에서처럼 단지 루트의 폰트 크기만 조정하면 전체 페이지가 함께 조정될 것이다.

(**참고** : 미디어 쿼리가 사용자 지정 폰트 크기에 상대적인 정확한 지점에서 작동하도록 하기 위해 여기서도 `em` 단위를 사용했다. 젤 류Zell Liew의 "미디어 쿼리의 PX, EM, REMPX, EM or REM Media Queries?"[5]에서 입증된 바에 따르면 `rem` 단위는 사파리에서 문제가 될 수 있다.)

```
p {
  margin: 1.5rem 0;
  font-size: 1rem;
  line-height: 1.5;
}

@media (max-width: 60em) {
  html {
      font-size: 80%;
  }
}
```

만약 `font-size: 2rem;`을 `<h2>`에 지정한다면 루트에 설정된 폰트 크기의 두 배라는 의미다. 사용자가 기본 폰트 크기를 20픽셀로 조정했다면 `2rem`은 2×20, 즉 40픽셀을 의미한다. CSS 전처리기 preprocessor를 통해 이론적으로 `rem`을 픽셀로 변환해 사용하는 일은 하지 말자. 브라우저가 파싱할 수 있게 컴파일된 CSS에서나 의미 있는 값일 뿐이다.

---

5 https://zellwk.com/blog/media-query-units/

뷰포트 단위

뷰포트 단위viewport unit는 뷰포트의 높이(vh)와 너비(vw)를 기준으로 텍스트 크기를 조정할 수 있게 한다. 본질적으로 이는 앞서 살펴본 예제와 같은 미디어 쿼리를 사용하지 않아도 암묵적으로 반응형 텍스트를 쓸 수 있다는 의미다.

유념해야 할 이슈가 하나 있다. 뷰포트 단위로 지정한 요소는 브라우저의 전체 페이지 확대 기능으로 확대되지 않는다는 점이다. 전체 페이지 확대는 뷰포트의 크기와 관계가 없기 때문이다. 이는 폰트의 최소 크기를 유지하고자 할 때도 도움이 된다. 1em+(0 × 1vw)는 여전히 1em이니까 말이다.

```
html { font-size: calc(1em + 1vw); }
```

이와 같은 알고리즘을 사용하면 모든 것의 크기는 뷰포트에 대해 점진적이고 비례적으로 조절된다. 이는 접근성을 떨어뜨리지 않고도 많은 양의 코드를 줄일 수 있는 방법이다.

이 글을 쓰는 시점에 뷰포트 단위를 지원하지 않는 유일한 브라우저는 오페라 미니Opera Mini였다. 그러나 걱정할 필요는 없다. font-size: calc(1em + 1vw);는 점진적 향상에 속하기 때문이다. 뷰포트 단위를 인식하지 못한다면 브라우저는 기본값을 선택한다. 다시 말해 오페라 미니는 텍스트를 처음의 크기로 보여줄 것이다.

점진적 향상

점진적 향상progressive enhancement은 반응형 디자인과 마찬가지로 인클루시브 디자인의 초석이다. 유니콘만큼 희귀한 사용자들이 자바스크립트를 끌 때도 제대로 작동해야 하는 웹 애플리케이션을 만드는 고된 작업이라는 많은 비난이 있지만 점진적 향상에는 훨씬 더 넓은 함축적 의미가 있다.

점진적 향상은 수많은 네트워크와 스크립트 에러에도 견딜 수 있는 논리적이고 강력한 형식으로 콘텐츠의 탄탄한 토대를 만드는 일과 관련이 있다. 단순히 자바스크립트나 CSS가 작동하지 않는 상황뿐 아니라 언제 어떻게 사용할 수 있는지, 얼마나 오래 지속될지, 언제 다시 사용할 수 있는지, 이 모든 것이 어떤 순서로 일어나는지에 대한 개념이다.

이 책에서는 규칙에 잘 맞는well-formed 시맨틱semantic HTML 구조를 기초로 하며 CSS와 자바스크립트로 강화한 패턴들을 사용한다. 가능하다면 통합형 자바스크립트 위젯을 잘 구성된 정적 콘텐츠나 대화형 폼 요소로 분리시킬 것이다. 이는 일시적이든 그렇지 않든 자바스크립트나 CSS가 없는 사용자도 콘텐츠를 이용할 수 있게 한다는 의미다. 시맨틱 HTML은 자바스크립트 작동이 가능한가와 상관없이 보조 기술을 사용하는 사용자의 인클루시브한 경험을 보장하며 보다 예측 가능하고 효율적인 상호작용을 하도록 만들어준다.

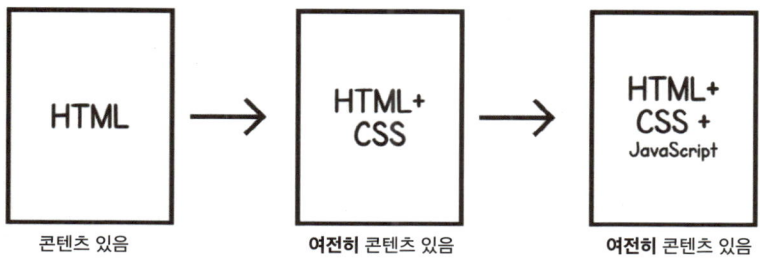

향상은 좋은 일이다. 단 실제로 필요할 때 말이다.

점진적 향상의 관점에서 스크립트는 문서의 끝, 즉 `</body>` 태그 직전에 삽입되어야 한다. 그렇게 해야 스크립트가 실행되는 시점에는 이미 DOM 렌더링이 끝난 후임을 보장할 수 있기 때문이다.

```
    <script> // TODO: 향상시킬 것 </script>
</body>
```

자원 관리

웹 문서를 구성하는 입장에서 페이지 콘텐츠를 향상시키기 위해 사용하는 자원이 그 콘텐츠에 방해가 되지 않게 하는 일은 매우 중요하다. 네트워크가 느린 환경이라도 콘텐츠는 가능한 한 빨리 사용자에게 도달해야 한다. 그것이 사용자의 방문 목적이기 때문이다.

대개 웹 폰트web font는 점진적 향상의 차원에서 다루어야 하는 큰 자원이다. 특히 FOITflash of invisible text를 일으키면 안 된다. FOIT는 용량이 큰 웹 폰트의 다운로드가 지체되면서 일부 디바이스나 브라우저의 사용자가 텍스트가 안 보이는 페이지를 보게 되는 현상을 말한다. 실제로 자주 일어나는 일이다. 이는 특히 불안정한 네트워크 사용자에게는 전혀 인클루시브한 디자인이 아니다.

이를 해결하는 묘책으로 `onload` 이벤트를 사용해 페이지를 로딩한 후 폰트를 로딩하는 방법이 있다. 이때 폰트는 베이스64로 인코딩되어야 하며 외부 스타일시트 안에 포함되어 있어야 한다. 키스 클라크Keith Clark가 제시한 예제[6]를 보면 `<link>`에 `onload` 이벤트 핸들러에서 `media` 속성의 값을 `none`에서 `all`로 전환하고 있는 것을 볼 수 있다. 또한 자바스크립트가 작동될 수 없는 상황이라 할지라도 `<noscript>` 덕분에 여전히 CSS를 로딩할 수 있다.

```
<link rel="stylesheet" href="fonts.css" media="none"
onload="if(media!='all')media='all'">
<noscript><link rel="stylesheet" href="fonts.css">
</noscript>
```

베이스64로 인코딩된 폰트는 다음과 같이 `@font-face` 선언부에 포함시킬 수 있다.

```
@font-face {
   font-family: Merriweather;
   font-style: normal;
   font-weight: 400;
   src: local('Merriweather'),
url('data:application/x-font-woff;charset=utf-8;base64...');
}
```

---

6 http://smashed.by/render-block

브램 스타인Bram Stein[7]은 FOIT를 극복하는 보다 포괄적인 방법을 제시했다. 다만 이 방법에는 별도의 자바스크립트가 필요하다. 이 폰트 페이스 옵서버font face observer는 간단한 프로미스promise 기반의 인터페이스, 즉 비동기 처리 방식으로 폰트의 로딩을 확인하거나 기다릴 수 있게 해준다.

```
var observer = new FontFaceObserver('MyWebSerif');

observer.check().then(function() {
   document.documentElement.className += "fonts-loaded";
});
```

그다음에는 CSS 안에서 `.fonts-loaded` 클래스 선택자를 사용해 원하는 폰트를 로딩할 수 있다.

```
html {
   /* 시스템 폰트 및 대체 폰트 */
   font-family: MySystemSerif, serif;
}
html.fonts-loaded {
    /* 웹 폰트 및 대체 폰트 */
   font-family: MyWebSerif, MySystemSerif, serif;
}
```

FOIT를 물리치기 위해서는 그보다 덜 나쁜 FOUTflash of unstyled text를 받아들여야 한다. 모든 폰트는 자신만의 스타일이 있으므로

---

[7] https://github.com/bramstein/fontfaceobserver

FOUT는 다소 잘못된 이름이기는 하다. FOUT는 웹 폰트의 로딩이 완료되어 시스템 폰트를 대체하면서 한 번 깜박이는 현상이다. 이때 사용자는 불쾌하거나 어리둥절할 수 있다. 특히 두 폰트의 크기가 서로 달라서 텍스트의 위치가 바뀌는 경우에는 더욱 그렇다.

이 불쾌한 현상을 완화하는 가장 좋은 전략은 웹 폰트와 똑같은 크기를 갖는 시스템 폰트를 대체 폰트, 즉 폴백fallback 폰트로 사용하는 방법이다.

폰트 서브셋

어떤 폰트가 국가별 문자 집합을 방대하게 지원한다면 인클루시브 폰트라고 할 수 있다. 그렇다 하더라도 반드시 그 폰트의 일부 캐릭터만 사용해야 한다. 그렇지 않으면 사용자는 성능 이슈로 고통받을 수 있다. 예컨대 전체 폰트에서 앰퍼샌드(&) 기호 하나만 빼더라도 파일 용량은 크게 달라진다.

구글 폰트Google Fonts[8]의 경우에는 URI에 `text` 매개변수를 포함해 원하는 캐릭터만 사용할 수 있다. 예를 들어 `<h2>` 제목 태그에 특정 폰트의 대문자만 필요하다면 다음과 같은 방법으로 링크를 만들면 된다.

```
<link href="https://fonts.googleapis.com/
css?family=Roboto:900&text=ABCDEFGHIJKLMNOPQRSTUVWXYZ"
rel="stylesheet" type="text/css">
```

---

8 https://fonts.google.com

자신만의 폰트를 제공하고 싶다면 폰트 스쿼럴Font Squirrel의 웹 폰트 제너레이터webfont generator[9]를 사용해 폰트 서브셋을 만들 수 있다. CSS에서는 주 폰트에서 지원하지 않는 캐릭터를 폴백 폰트가 채워준다. 이는 잘 어울리는 시스템 폰트를 고른다면 시스템 폰트가 흔하지 않은 캐릭터를 제공하게 함으로써 웹 폰트를 좀더 많이 서브셋으로 나눌 수 있다는 의미다.

웹 폰트 제너레이터를 사용하면 웹 폰트의 문자 집합을 로마자 기본 유니코드 블록[10]으로 낮출 수 있다.

```
body {
    font-family: SubsettedWebFont, ExtensiveSystemFont,
sans-serif;
}
```

`<title>` 요소

`<head>` 안에 있는 `<title>` 요소는 브라우저 탭의 레이블에, 그리고 검색엔진 결과 링크에 사용되는 요소로서 이미 친숙할 것이다. 확실히 사용자 대부분은 레이블이 없는 브라우저 탭을 보면 짜증이 날 것이다. 그러나 보조 기술 사용자에게는 그보다 더 큰 영향을 미친다. 앞으로 이 책에서 접근 가능 이름accessible name이라는 용어를 종종 보게 될 것이다. 접근 가능 이름이란 웹 페이지의 다양한 요소에 사

---

9 https://www.fontsquirrel.com/tools/webfont-generator
10 https://en.wikipedia.org/wiki/Basic_Latin_(Unicode_block)(한글 https://ko.wikipedia.org/wiki/로마자_기본)

용되는 보조 기술과 호환되는 레이블을 말한다. 웹 문서, `<iframe>`, 그 밖의 여러 SVG 요소는 `<title>`을 통해 접근 가능 이름을 제공한다. 각 요소는 접근 가능 이름으로 자신이 갖고 있는 콘텐츠의 목적을 설명할 수 있어야 한다.

`<title>`은 웹 문서가 로딩되자마자 등장하기 때문에 페이지에 대한 간결한 요약 문구를 넣는 것이 좋다. 흔히 사용되는 관행으로 페이지 설명, 지은이, 사이트 정보를 쓰는 방법이 있다.

예를 들면 '인클루시브 디자인 템플릿 | 헤이던의 사이트'처럼 할 수 있다. 검색 결과 페이지를 위해서는 사용자가 검색어로 입력할 가능성이 있는 단어를 포함하면 좋다. 이를테면 '웹사이트 이름 | 검색 결과에 나타날 내용'과 같은 형식이다.

`<main>` 요소

이 책에서 내비게이션 영역navigation region과 같은 일부 패턴은 페이지마다 일관된 랜드마크landmark로 보여야 한다. 나머지 패턴들은 고유의 페이지를 구성하는 동적이고 모듈화된 콘텐츠에 사용될 것이다. 전통적인 웹 페이지 해부학에서 그런 콘텐츠는 메인 콘텐츠 영역에 배정된다.

```
<main id="main">
    <!-- 이 페이지만의 콘텐츠 -->
</main>
```

메인 콘텐츠의 개념은 새로운 것이 아니다. 그러나 최근에는 인클루시브 디자인 관점에서 메인 콘텐츠를 헤더header, 내비게이션 영역, 푸터footer 같은 페이지를 둘러싼 장치들로부터 분리해 바라보기 시작했다. `<main>` 요소는 스크린 리더가 인식하고 소통할 수 있는 영역을 정의한다. JAWS와 같은 스크린 리더는 `<main>`에 접근할 수 있는 키보드 단축키(Q)도 제공해서 페이지의 서두를 건너뛰고 즉시 콘텐츠로 이동할 수 있게 한다. 싱글 페이지 애플리케이션이라면 `<main>`은 중요한 역할의 뷰가 렌더링되는 곳에 한 번만 사용되어야 한다. 정적 블로그나 브로슈어 사이트라면 `<main>`은 블로그 포스트나 그 밖의 정보 콘텐츠에 사용될 수 있다. 제품 소개 페이지라면 `<main>` 안에서 제품을 설명하면 된다.

`<main>`은 페이지의 핵심 내용을 담을 목적으로 설계되었기 때문에 콘텐츠의 인쇄 스타일을 지정하는 일도 쉽다. 내비게이션, 헤더, 푸터, 사이드바(`<aside>`) 영역, `<main>`이 동일한 수준으로 올바르게 작성되었다면 원하는 대상을 CSS에서 쉽게 특정할 수 있다.

```
@media print {
    body > *:not(main) {
        display: none;
    }
}
```

나는 웹 페이지를 인쇄하지 않는다. 개인적으로 가정용 프린터에 관해서는 오래전에 포기했다. 프린터는 항상 10분만 사용하면 망가질 것처럼 보인다. 그러나 모든 사람이 나와 같지는 않을 것이다. 오직 스크린 안에서 브라우징할 때만 의미가 있는 페이지 요소들이 인쇄된 페이지에 포함되어 있으면 안 된다. 앞의 예제와 같은 방법이 현재로서는 가장 쉬운 해법이다. 사용자가 PDF로 인쇄하거나 로컬드라이브에 저장할 수 있기 때문이다.

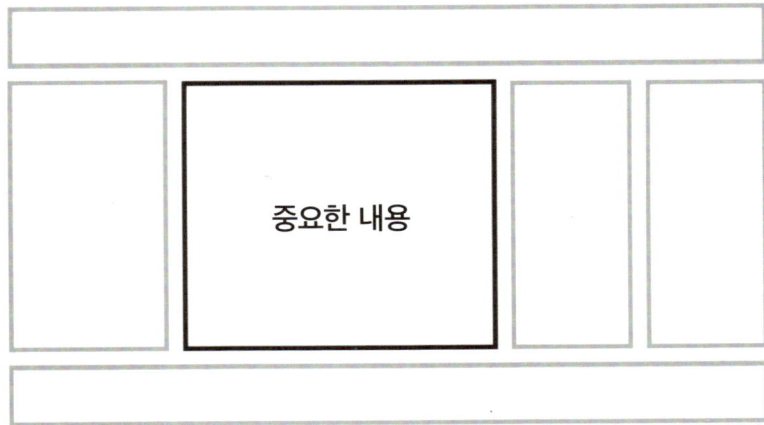

부수적인 콘텐츠를 제거해서 얻게 되는 또 다른 이점은 화면상의 읽기 경험을 향상시킬 수 있다는 점이다. 개별 도메인을 기준으로 사용자 자신의 CSS를 적용할 수 있는 브라우저 확장 프로그램도 있다.[11]

건너뛰기 링크

건너뛰기 링크skip link(또는 본문 바로가기)는 인클루시브 디자인의 이름으로 허용된 오래된 기법이다. 건너뛰기 링크는 끔찍한 클루지 kludge(조잡한 인터페이스)처럼 보이지만 특정 사용자에게 미치는 영향은 확실히 검증되었다.

건너뛰기 링크는 모든 콘텐츠보다 상단에 위치하며 메인 콘텐츠를 가리킨다. 이는 과연 누구를 위한 것일까? 일반적인 통념으로는 스크린 리더 사용자를 떠올리겠지만 앞서 말했듯이 그들에게는 `<main>` 요소로 이동할 수 있는 방법이 따로 있다. 건너뛰기 링크

---

11 https://userstyles.org/

의 주된 수혜자는 정상 시력의 키보드 사용자다. 그런 사용자에게는 스크린 리더가 제공하는 단축키 같은 것이 없기 때문에 내비게이션과 그 밖의 헤더 콘텐츠를 건너뛸 수 있는 기능이 가장 도움이 된다.

건너뛰기 링크는 처음부터 기본으로 나타나면 안 된다. 마우스나 터치 사용자에게는 유용성이 극히 떨어지며 혼란만 주기 때문이다. 키보드 사용자에게 건너뛰기 링크를 보여주려면 포커스를 받았을 때 화면에 나타나게 하면 된다.

```
[href="#main"] {
  position: absolute;
  top: 0;
  right: 100%; /* 화면 밖으로 이동 */
}

[href="#main"]:focus {
  right: auto;
}
```

키보드 사용자가 새 페이지에 진입했을 때 처음 포커스를 받는 것은 웹 문서 자체다. 앞과 같은 코드가 제공될 경우 사용자가 Tab 키를 눌렀을 때 상호작용할 수 있는 첫 요소가 바로 건너뛰기 링크다. 이때 비로소 건너뛰기 링크가 모습을 드러내면서 메인 콘텐츠로 바로 이동할 수 있는 옵션을 제공하게 된다. 여기서 다시 한 번 Tab 키를 누르면 건너뛰기 링크는 숨겨지며 포커스는 그다음으로 상호작용할 요소(홈페이지 링크이거나 내비게이션에서 첫 번째 링크일 것이다)로 옮겨진다.

모두 합치기

자, 인클루시브 디자인이 적용된 웹 문서가 어떤 형태일지 지금까지의 코드를 종합해보자.

```html
<!DOCTYPE html>
<!-- 페이지의 주요 언어 선언 -->
<html lang="en">
  <head>
        <meta charset="utf-8">

        <!-- 줌 기능을 막지 않는 뷰포트 선언 -->
        <meta name="viewport" content="width=device-width, initial-scale=1.0">
        <!-- 베이스64로 인코딩된 논블로킹 폰트 자원 -->
        <link rel="stylesheet" href="fonts.css" media="none" onload="if(media!='all')media='all'">
        <noscript><link rel="stylesheet" href="fonts.css"></noscript>

        <!-- 논블로킹 스타일시트 -->
        <link rel="stylesheet" href="main.css" media="none" onload="if(media!='all')media='all'">
        <noscript><link rel="stylesheet" href="main.css"></noscript>

        <!-- 페이지를 설명하는 레이블 -->
        <title>Inclusive Design Template | Heydon's Site</title>
  </head>
  <body>
        <!-- 키보드 사용자를 위한 건너뛰기 링크 -->
        <a href="#main">skip to main content</a>

        <!-- 로고, 페이지 내비게이션 등 -->
```

```
    <main id="main">
        <!-- 페이지 고유의 콘텐츠 -->
    </main>

    <!-- 논블로킹 자바스크립트 자원 -->
    <script src="scripts.js"></script>
  </body>
</html>
```

프레임워크, 전처리기, 태스크 러너에 대한 짧은 노트

 개발자를 위한 인체공학이 사용자의 요구 사항보다 더 중시되면 안 된다."

— 폴 루이스[12]

많은 웹디자인 문서와 서적은 워크플로를 개선해 개발자로서의 삶을 편하게 만드는 방법에 대해 이야기한다. 프레임워크나 전처리기 등을 사용해 개발 속도를 높이고 싶은가? 그렇다면 그렇게 하면 된다. 다만 미안하지만 이 책은 그런 여러분을 위한 것이 아니다. 여러분의 사용자에 관한 책이다.

따라서 이 책에서 도구에 할애하는 시간은 사용자 경험의 품질에 직접적으로 효과를 낼 수 있는 경우에만 한정된다. 또한 모든 상황에서 HTML, CSS, 자바스크립트, SVG 등과 같은 표준 웹 기술이

---

12 https://aerotwist.com/blog/react-plus-performance-equals-what/

제공하는 가능성을 탐색할 것이다. 즉 그런 기반 기술이 사용자와 어떻게 상호작용하는지에 초점을 맞출 것이다. 물론 사용자에게 이득이 되는 인터페이스의 구조화 기법과 작성 기법도 포함할 것이다.

여기서 얻은 교훈을 어떤 프레임워크에서든 충분히 유연하게 적용해서 훌륭한 인터페이스를 구조화하고 작성하는 일이 가능하게 될 것이다.

인클루시브 디자인 기법을 쉽게 설정할 수 없는 모든 독단적인 프레임워크는 피해야 한다. 형편없는 결과물을 만들게 되기 때문이다.

나는 진정으로 해야 할 작업에 집중하기 위해 점수를 매기는 방식을 사용한다. 즉 비주얼 디자인을 하든 자바스크립트를 작성하든 콘텐츠를 구성하든 모든 경우에서 현재의 작업 방식이 누구에게 득이 되는지 따져본다.

- 1점   나에게 득이 된다.
- 10점   나의 설정을 사용해 나, 그리고 나와 같은 사용자에게 득이 된다.
- 100점 서로 다른 설정을 사용해 나, 나와 같은 사람, 그리고 나와 다른 사용자에게 득이 된다.

이 책에서는 100점짜리 작업을 목표로 한다.

"어때, 괜찮아? 재미있어?"
"어떻게 작동하는 건지 알게 되면 말할게."

단락

작은 것부터 시작하자. 브래드 프로스트Brad Frost의 아토믹 디자인 atomic design[1]에서 단락paragraph은 원자atom에 해당한다. 즉 복합적인 패턴(분자molecule, 조직체organism, 페이지page 등)을 만들기 위한 개별 빌딩 블록을 말한다.

"백문이 불여일견"이라는 말이 있다. 반대로 나는 "텍스트로 할 일을 이미지로 하지 마라"라는 말을 좋아한다. 텍스트는 정보 전달에서 가장 직접적이고 효율적인 방법이다. 설사 이미지나 다른 형식의 미디어가 시각적으로나 읽기에 더 좋다고 해도 말이다. 반드시 텍스트는 최우선으로 취급되어야 한다. 장문의 콘텐츠를 생산하는 비즈니스든 현란한 산문체를 사용하는 사이트든 별도의 설명이나 메시지를 점선 박스로 처리하는 경우든 말이다.

상호작용 메커니즘을 구축할 수 있는 흥미진진한 기회들이 있기 때문에 본문 텍스트의 디자인을 무시하는 경향이 있다. 그러나 텍스트 디자인에는 인클루시브하고 가독성 있는 웹 페이지 작성뿐 아니라 줌 기능이나 인라인 링크 등 고심해야 할 상호작용 관련 사항도 있다.

서체

가독성 있는 본문 텍스트 서체의 특징에 대한 논쟁은 계속되어왔다. 고딕 계열인 산세리프sans serif가 명조 계열인 세리프serif보다 낫

---

[1] http://bradfrost.com/blog/post/atomic-web-design/#atoms

다는 주장은 매우 설득력 있지만 지독하게 가독성이 나쁜 서체는 고딕 계열이라는 평판도 있다.

기존의 통념을 무작정 따르는 대신 어떤 서체가 나을지 생각해볼 수 있는 몇 가지 기준이 있다.

- 글자를 알아보는 데 조금이라도 방해가 되는 꾸밈이 있는가?
- x 높이[2]와 같은 측정 기준이 서체 사이에 일관되는가?
- 각 서체가 서로 명확하게 구분되는가, 아니면 구분하기 힘든가?
- 필요한 모든 문자와 폰트 스타일을 해당 서체가 지원하는가?

영국난독증협회British Dyslexia Association는 가독성에 도움을 주는 몇 가지 특징[3]을 제시했다. 먼저 어센더ascender(b, d, f, h 등처럼 위로 올라가는 획이 있는 글자)와 디센더descender(g, j, p, q 등처럼 아래로 내려가는 획이 있는 글자)에서 위 또는 아래의 직선 획이 명확하고 넉넉히 길어야 좋다. 또한 b와 d, p와 q는 좌우로 뒤집었을 때 서로 정확히 같지 않아야 하며 대문자 I와 소문자 l 그리고 숫자 1은 시각적으로 명확히 구분되어야 한다. 커닝(자간)은 충분한 편이 좋은데, 특히

일반적으로 고딕 계열의 서체가 가독성이 더 높다고 생각하지만 단순한 모양 때문에 똑같은 서체로 보일 수 있는 취약점이 있다.

---

2 https://en.wikipedia.org/wiki/X-height(한글 https://ko.wikipedia.org/wiki/X높이)
3 http://bdatech.org/what-technology/typefaces-for-dyslexia/

r와 n의 경우에는 더욱 그렇다. 그렇지 않으면 'modern'을 'modem'으로 잘못 읽을 수 있기 때문이다.

모든 일이 그렇듯이 충분하지만 지나치지 않아야 가장 좋다. 따라서 명조 계열 서체는 일반적으로 다소 복잡하게 여겨지지만 글자 구별을 목적으로 적절히 사용한다면 실질적인 이점이 있다.

난독증 같은 읽기장애가 있는 사람들을 위한 또렷한 텍스트는 읽는 데 어려움이 없는 사람들에게도 보기 좋은 텍스트가 된다는 점을 유념하는 것이 중요하다. 평균 사용자가 읽을 수 있다고 생각되는 서체를 선택하는 것은 일부 사용자를 의도적으로 소외시키는 일이나 마찬가지다. 반면에 읽는 데 어려움이 있는 사람들에게 알맞은 서체를 선택한다면 모든 사람을 만족시키는 결과에 이른다. 이것이 바로 효율적이고 효과적인 인클루시브 디자인이다.

> 평균 사용자는 모든 사용자의 조합으로부터 만들어진다. 그러나 실제로 우리는 그 평균 사용자와 완전히 다른 사용자를 대한다. 우리 중 누구도 평균 사용자는 없다. 따라서 평균 사용자라는 가상의 사용자를 위한 디자인은 결국 어느 누구의 요구에도 부응하지 않는 무언가를 만드는 일이나 마찬가지다."
>
> — 수사나 곤살레스 루이스, "극단적 사용자를 위한 디자인"

"극단적 사용자를 위한 디자인Designing for the extremes"이라는 매우 훌륭한 이 글에서는 극단적 상황에 처한 사용자를 위해 최우선으로 디자인하는 것이 모든 사용자를 위해 더 낫다고 지적한다. 이 글에서 든 사례 중 하나는 네트워크 상황이다. 가장 열악한 모바일 네트워크 환경에서도 성능이 뛰어난 웹 애플리케이션이라면 다른 어느 곳에서도 성능이 우수하다는 의미다.

그러나 중요한 것은 그런 극단적인 사례를 별도로 분리하거나 특정 대상을 겨냥해서 생각하면 안 된다는 점이다. 난독증 환자에게 서로 다른 폰트의 가독성을 조사한 스페인의 실험 연구[4]에 따르면 난독증 환자만을 위해 특별히 제작된 서체들의 효과는 매우 낮았다. 선의였겠지만 서체 디자이너들이 대상 사용자를 어느 정도 일반화한 것으로 보인다. 그 결과 난독증 환자의 대다수가 소외되었을 뿐 아니라 모든 사용자에게도 투박하고 읽기 힘든 폰트가 만들어졌다. 루시다Lucida 폰트의 창시자 척 비글로Chuck Bigelow는 "난독증을 위한 폰트? 절대 낚이지 마라A Typeface For Dyslexics? Don't Buy Into The Hype"[5]라는 글에서 자신의 연구로 이를 증명했다.

조판

인클루시브한 서체를 선택함으로써 공정성과 작품성을 함께 추구

---

4 http://smashed.by/dyslexiastudy
5 http://smashed.by/dyslexiafont

할 수 있다. 인클루시브한 조판은 가독성을 높이는 데 도움이 되며 서체에 맞는 폭, 양쪽 맞춤, 행간을 선택하는 작업이다. 이는 폰트 자체를 선택하는 일보다 더 중요하다고 볼 수 있다. 물론 눈물 나게 읽기 어려운 폰트만 아니라면 말이다.

폭

단락의 폭measure이란 글자 수로 표현한 한 줄의 길이를 말한다. 만약 양쪽 맞춤(다음 절 참고)을 하지 않은 텍스트라면 길이가 각각 다를 수 있다. 따라서 그중 가장 긴 줄을 측정해야 한다. 줄이 너무 길면 읽기 어렵다. 줄 끝에서 다시 앞으로 돌아가 그다음 줄의 시작 부분을 찾는 일이 쉽지 않기 때문이다. 반면 줄이 너무 짧으면 눈을 좌우로 자주 움직여야 하므로 쉽게 피로할 수 있다.

로버트 브링허스트Robert Bringhurst는 《타이포그래피의 원리The Elements of Typographic Style》에서 한 줄의 길이로 45자에서 75자를 권장한다. CSS에서 `1rem`은 소문자 m의 너비와 대략 같다. 따라서 `60rem`인 단락의 폭은 60이라 말할 수 있으며, 이는 읽기 편한 길이에 속한다.

단락의 폭을 직접 지정하는 것은 현명하지 못하다. 반응형이며 모듈화된 레이아웃은 담고 있는 내용의 크기에 맞추어 둘러싸야 하기 때문이다. 이를 염두에 두면 어떤 텍스트 컨테이너도 초과해서는 안 되는 폭이 있어야 한다. 예를 들어 `<main>` 요소에는 알맞은 `max-width`를 지정해야 한다.

```
main {
  max-width: 60rem;
}
```

이는 최상위 폰트의 크기를 늘릴 수 있는 미디어 쿼리를 감안한 유용한 결과물이다. 예를 들어 사용자가 넓은 데스크톱 스크린에서 보려고 폰트 크기를 늘리면 폰트 크기에 상대적인 단위(rem)로 정의한 폭도 늘어나게 된다.

```css
html {
    font-size: 100%; /* 기본값이므로 생략해도 된다. */
}

main {
    max-width: 60rem;
}

@media (min-width: 120rem) {
    html {
        font-size: 150%;
    }
}
```

상대적인 단위를 사용하면 폭을 직접 지정하지 않아도 된다. 다만 반드시 반응형 레이아웃임이 보장되는 경우에만 그렇다.

양쪽 맞춤

CSS에서 `text-align: justify;`로 지정할 수 있는 양쪽 맞춤justification은 보통 웹 콘텐츠에는 적절하지 않은 관행으로 여겨진다. 양쪽 맞춤이란 모든 줄의 너비를 똑같이 만든다는 의미인데 단락 자체는 깔끔해 보일 수 있지만 가독성은 심각하게 훼손된다.

모든 줄의 너비를 똑같이 만드는 양쪽 맞춤은 각 줄 안의 단어를 재분배하면서 단어 사이의 간격을 고르지 않게 해 산만하게 만든다.

Vivamus sit amet molestie urna. Integer in interdum nunc. Ut gravida erat nec ipsum molestie, eu lobortis nisl pulvinar. Donec non consequat lorem. Praesent vitae finibus dui. Maecenas non luctus felis, ac condimentum eros. Nam a ipsum faucibus, sollicitudin massa a, imperdiet enim.

Nam a ipsum faucibus, sollicitudin massa a, imperdiet enim.
Ut erat nec ipsum molestie, eu lobortis nisl pulvinar. Donec Vivamus sit amet molestie urna. Integer in interdum nunc. Ut gravida erat nec ipsum molestie, eu lobortis nisl pulvinar. Donec non consequat lorem.

Praesent vitae finibus dui. Maecenas non luctus felis, ac condimentum eros. Nam a ipsum faucibus, sollicitudin massa a, imperdiet enim. Integer in interdum nunc. Ut gravida erat nec ipsum molestie, eu lobortis nisl pulvinar. Donec non consequat lorem.

특히 넓은 두 공간

양쪽 맞춤이 적용된 텍스트는 특히 다단 레이아웃처럼 좁은 폭을 사용하는 상황에서 최악의 결과를 낳는다.

데스크톱 출판에서는 하이프네이션hyphenation으로 이 문제를 어느 정도 무마한다. 하이프네이션이란 줄 끝에 걸친 긴 단어를 둘로 잘라 앞부분 뒤에 하이픈(-)을 붙이고 뒷부분을 다음 줄로 넘겨서 단어 사이의 간격이 많이 벌어지지 않게 하는 방법이다. 불행히도 CSS 하이프네이션의 경우 hyphens[6] 속성이 브라우저마다 제대로 구현되지 않았다. 가장 인기 있는 브라우저 중 하나인 크롬조차도 완벽하게 지원하고 있지 않다. 설상가상으로 하이프네이션을 목적으로 하는 자바스크립트 폴리필polyfills[7]도 점점 무거워지고 있다(폴리필이란 특정 기능을 지원하지 않는 브라우저에서도 가능하게 만드는 코드를 말한다). 점점 늘어나는 하이프네이션 허용 라이브러리를 모두 참조해야 하기 때문이다. 게다가 영어 외의 언어를 모두 지원하지도 못한다.

---

[6] https://developer.mozilla.org/en-US/docs/Web/CSS/hyphens
[7] https://github.com/mnater/Hyphenator

단락   55

따라서 자바스크립트 의존성과 그에 따른 성능 이슈에서 벗어나면서도 훌륭한 가독성을 제공하려면 `text-align`의 기본값을 `left`로 하는 것이 좋다. 오른쪽이 약간 들쭉날쭉한 단락이 되겠지만 사용자는 그다지 신경 쓰지 않는다. 그들은 콘텐츠를 소화하는 일로 더 바쁘기 때문이다.

행간(`line-height`)

행간leading이란 줄 간격, 즉 각 줄 사이의 높이다. 구체적으로는 한 줄과 다음 줄의 기준선 사이의 수직 간격을 말한다. W3C의 "웹 콘텐츠 접근성 지침(WCAG) 2.1"의 1.4.8 시각적 표현Visual Presentation[8] 조항에 따르면 단락 내의 행간은 "문자 사이 공백의 1.5배"보다 커야 한다고 명시했다. 이는 CSS의 `line-height` 속성으로 표현할 수 있다. 만약 폰트 크기가 16px이라면 행간은 최소한 24px 이상이 되어야 한다. 그러나 '문서' 장에서 언급했듯이 픽셀과 같은 고정된 단위의 사용은 바람직하지 않다. 적절한 비율을 관리하는 일이 골칫거리가 되기 때문이다. 그 대신 `line-height`에는 단위가 없는 비율을 지정해야 한다.

```
/* (인생은 짧다.)
p {
   font-size: 16px;
   line-height: 24px;
}
*/
```

---

[8] https://www.w3.org/TR/WCAG21/#visual-presentation

```
p {
  font-size: 1rem; /* 기본값이므로 생략해도 된다. */
  line-height: 1.5;
}
```

이제 미디어 쿼리에 의해서든 사용자가 직접 설정하든 단락의 폰트 크기가 커지거나 작아져도 적절한 비율의 행간이 보장될 것이다. 픽셀을 사용해 행간을 지정한다면 다음과 같은 결과가 나타난다.

Vivamus sit amet molestie urna. Integer in interdum nunc. Ut gravida erat nec ipsum molestie, eu lobortis nisl pulvinar. Donec non consequat lorem. Praesent vitae finibus dui. Maecenas non luctus felis, ac condimentum eros. Nam a ipsum faucibus, sollicitudin massa a, imperdiet enim.

표준 폰트 크기

Vivamus sit amet molestie urna. Integer in interdum nunc. Ut gravida erat nec ipsum molestie, eu lobortis nisl pulvinar. Donec non consequat lorem. Praesent vitae finibus dui. Maecenas non luctus felis, ac condimentum eros. Nam a ipsum faucibus, sollicitudin massa a, imperdiet enim.

사용자가 늘린 폰트 크기

폰트 크기에 비례하지 않는 행간의 위험성

대비

왜 많은 타이포그래피 디자이너가 흰 배경에 옅은 회색 텍스트를 그토록 좋아하는지 나는 도무지 이해할 수가 없다. 가독성 문제를 떠나 그런 텍스트는 너무 희미하다. 어떤 경우라도 텍스트 색과 배경색을 낮은 대비로 조합하는 일은 피해야 한다.

프로젝트 초반에는 브랜드 색상에 얽매이기 쉽다. 따라서 사후에 다시 색상 대비를 테스트하는 대신 아예 처음부터 접근성 있는 배색으로 디자인하기를 권한다. 콘트라스트-AContrast-A(어도비 플래시 필요.)[9]나 컬러 세이프Color Safe[10] 등과 같은 무료 도구도 이용할 수 있다. 만약 접근성을 지키지 않은 색상이 선택된 채로 작업을 마쳤다면 컬러 콘트라스트 애널라이저Colour Contrast Analyser[11]와 같은 도구를 사용해 문제 부분을 식별할 수 있다. 이것을 여러분의 브랜드 전문가에게 알려줄 사람이 내가 아니라서 다행이다!

잘 알려지지 않은 사실은, 매우 높은 대비의 배색은 일부 사용자의 가독성을 오히려 떨어뜨린다는 점이다. 환한 빛에 민감한 광과민성증후군(또는 얼렌증후군)[12] 환자에게 강한 대비는 텍스트를 뿌옇거나 흔들려 보이게 만들 수 있다. 따라서 배경과 텍스트 사이의 색 대비가 너무 극명하다면 살짝 완화해주는 것이 바람직하다.

```
main {
  background: #eee;
}

p {
  color: #222;
}
```

다시 설명하겠지만 오직 한 유형의 사용자나 독자에게만 도움이 되는 인클루시브 디자인의 덕목이란 거의 없다. 그러나 앞과 같은 대비와 관련된 설명은 양해를 구하며 미리 감사의 말을 하고 싶다. 나는 밝은 빛을 보면 편두통이 생기기 때문이다. 다시 한 번 감사한다.

---

9 http://www.dasplankton.de/ContrastA/
10 http://colorsafe.co/
11 https://developer.paciellogroup.com/resources/contrastanalyser/
12 https://irlen.com/what-is-irlen-syndrome/

인라인 링크

CSS는 축복이자 저주다. CSS는 우리의 창의력을 자유롭게 발휘할 수 있게 하고 우리의 창의력을 자유롭게 휘두를 수도 있게 한다. 모든 웹사이트와 애플리케이션이 똑같이 보여야 한다는 말이 아니다. 우리에게는 관습 타파를 진보적인 것으로 여기는 습관이 있다. 하지만 기교와 겉치레로 가득한 세상에서는 유용성이 진보적인 것이다. 유용성은 인식에 의존하며 인식은 관습에 의존한다. 따라서 인격을 무시하지 않으면서 관습을 포용하는 것이 바로 요령이다.

버튼처럼 각자의 행동 유도 규칙이 있는 콜투액션call-to-action을 제외하면 관례적으로 링크에는 밑줄이 있다. 이 관례는 텍스트 안의 링크(인라인 링크inline link)가 쉽게 식별되도록 할 뿐 아니라 색맹이라는 좀더 극단적인 상황도 고려했다. 인라인 링크를 색상으로만 구분하게 한다면 일부 사용자는 주변 텍스트에서 그 링크를 집어내지 못한다. 따라서 다른 어떤 수단이 더 있어야 한다.

모든 브라우저는 기본적으로 `text-decoration: underline`을 적용해 인라인 링크를 렌더링하는데, 그런 전통적인 방식만으로는 완벽한 해상도를 절대 만들지 못한다. 그러나 이를 개선할 수 있는 방법이 있다. CSS를 사용해 밑줄의 상징적인 역할은 유지하면서 더 나은 밑줄을 만드는 방법이다.

링크 밑줄의 개량 버전

대개 밑줄은 서체의 기준선 바로 밑에 쳐져 있기 때문에 g나 j와 같은 활자의 디센더를 관통하면서 링크 텍스트의 가독성을 떨어뜨린다. 이상적으로는 밑줄이 디센더를 가로지르지 않고 공간을 남겨두어야 한다. 온라인 출판 플랫폼 미디엄Medium[13]은 CSS 배경 그레이디언트와 텍스트 그림자 효과를 이용해 해법을 제시했다. 다음은 그 해법을 개량한 버전이다.

```
p a {
    text-decoration: none;
    text-shadow: 0.05em 0 0 #fff, -0.05em 0 0 #fff,
        0 0.05em 0 #fff, 0 -0.05em 0 #fff,
        0.1em 0 0 #fff, -0.1em 0 0 #fff,
        0 0.1em 0 #fff, 0 -0.1em 0 #fff;
    background-image: linear-gradient(to right, currentColor 0%, currentColor 100%);
    background-repeat: repeat-x;
    background-position: bottom 0.05em center;
    background-size: 100% 0.05em;
}
```

Heydon's blog   Heydon's blog

그레이디언트 기반의 밑줄을 사용하면 텍스트 색과 독립적으로 밑줄 색을 사용하는 호사를 누릴 수 있다.

이 구현 코드에서 선형 그레이디언트linear gradient가 적용된 배경의 높이는 겨우 `0.05em`이며 이 배경이 밑줄 역할을 한다. 텍스트 그림자 효과 덕분에 디센더는 관통되지 않으며 마치 해자(성 주위를 둘러 판 못)처럼 활자가 보호된다.

이 밑줄은 `text-decoration: underline`과는 달리 조정이 가능

---

13 http://smashed.by/underlines

하다는 점에 주목하기 바란다. `background-position`을 사용해 밑줄의 수직 위치를 지정할 수 있으며 해당 서체에 가장 적합한 가독성을 갖도록 `background-size`를 사용해 밑줄의 두께를 정할 수도 있다. 그러나 배경 그레이디언트를 지원하지 않는 구식 브라우저를 조심해야 한다. 그런 상황에 대비한 폴백 코드 `text-decoration`은 다음과 같다.

```
.ie-lte-9 a {
  text-decoration: underline;
}
```

포커스 표시

인클루시브한 대화형 디자인의 접근법 중 하나는 인간 인터페이스 장치human interface devices : HID의 관점에서 인터페이스를 바라보는 것이다. HID란 인간 사용자가 입력하거나 출력할 수 있는 기능을 갖춘 모든 컴퓨터 주변 기기를 말한다. 따라서 마우스는 HID다. 마찬가지로 키보드, 터치스크린, 동적 점자 디스플레이, 점자 키보드, 조이스틱,[14] 스위치[15] 등도 모두 HID다.

인클루시브 디자인이란 HID를 최대한 지원하며 불가능한 경우에는 대체 콘텐츠와 상호작용 기능을 제공하는 디자인을 말한다.

어떤 요소가 키보드 접근성을 지원하게 만드는 것은 매우 간단하다.

---

14 https://www.bltt.org/hardware/joysticks.htm
15 https://en.wikipedia.org/wiki/Switch_access

- 요소가 포커스를 받을 수 있어야 한다.
- 그 요소는 화면에 보여야 한다.
- 요소의 현재 포커스 상태도 눈에 보여야 한다.

`<button>` 요소 등과 같은 링크는 기본적으로 포커스를 맞출 수 있다. 브라우저의 표준 동작 덕분에 `href` 속성을 갖는 모든 `<a>` 요소의 경우, 사용자가 Tab 키를 누르면 그다음 포커스 가능한 요소로 포커스가 이동한다. 그리고 포커스를 받은 요소는 Enter 키를 누르면 바로 작동한다.

그렇다 하더라도 포커스 상태를 표시하는 스타일이 링크에 적용되어 있지 않다면 사용자는 현재 어떤 요소에 포커스가 맞춰져 있는지 알 수 없다. 바로 여기가 포커스 스타일focus style이 등장할 지점이다. 각 브라우저는 점선 박스부터 파랗게 채워진 흐릿한 박스에 이르기까지 나름의 방법으로 기본 포커스 스타일을 구현하고 있다. 이처럼 기본 스타일을 대체할 수는 있지만 결코 제거해서는 안 된다. `background-color`를 사용하면 링크에 적용할 포커스 스타일의 모양을 브라우저마다 평준화할 수 있으며 동시에 강화할 수 있다.

```css
p a:focus {
  outline: none;
  background-color: #cef;
  text-shadow: 0.05em 0 0 #cef, -0.05em 0 0 #cef,
     0 0.05em 0 #cef, 0 -0.05em 0 #cef,
     0.1em 0 0 #cef, -0.1em 0 0 #cef,
     0 0.1em 0 #cef, 0 -0.1em 0 #cef;
}
```

Heydon's blog   Heydon's blog

background-color를 사용해 특정 색으로 채워진 박스를 만들면 일부 브라우저에서 기본으로 제시하는 점선 박스보다 더 쉽게 포커스를 식별할 수 있다.

이렇게 하면 브라우저가 기본으로 제공하는 가느다란 점선 박스보다 훨씬 명확한 포커스를 만들 수 있다. 이는 영국 정부의 웹사이트 GOV.UK[16]에서도 채택한 스타일이다. 이 사이트는 인클루시브 디자인을 사용한 모범 사례로 모든 영국 국민이 이용할 수 있어야 한다는 책임감을 실현했다.

포커스 스타일은 앞으로 더 다양한 대화형 요소를 접하면서 배울 패턴에 자주 등장할 것이다.

자동화된 아이콘

웹사이트를 유지하고 관리하는 담당자는 기술적인 사항을 잘 모를 수 있으며, 또한 비주얼 디자인에 자신감이 없거나 관심조차 없을 수 있다. 인클루시브 편집 시스템은 편집자가 코드나 포맷에 대해 고민할 필요가 없게 만들어야 한다. 즉 무엇을 망가뜨리는 데 대한 걱정 없이 편집자 본연의 업무를 잘 할 수 있도록 해야 한다.

고급 CSS 기술을 아주 약간만 사용하면 단락 텍스트 안에서 아이코노그래피iconography(도상학)를 제공하는 일이 가능하다. 이는 두 가지 점에서 인클루시브하다.

---

16 https://www.gov.uk/

- 편집 프로세스를 복잡하게 하지 않는다.
- 사용자에게 접근 가능한 정보를 제공한다.

다른 도메인의 외부 자원을 가리키는 링크의 경우에는 링크를 클릭하면 현재의 환경에서 벗어나 외부로 이동한다는 점을 사용자에게 미리 알려주는 것이 필요하다. 이는 스크린 리더 사용자에게 특히 도움이 되는데, 그들은 현재 사이트의 기능과 레이아웃에 적응하는 중이기 때문이다. 즉 '도대체 여기는 어디지?'와 같은 상황은 만들지 말아야 한다.

외부 링크의 식별

첫 번째 단계는 외부 링크를 식별하는 일이다. http로 시작하는(상대 링크가 아닌) `href`를 갖는, 그러나 현재 도메인을 가리키지 않는 모든 링크가 이에 부합된다.

내 블로그 도메인은 heydonworks.com이므로 다음과 같은 외부 링크 선택자를 만들 수 있다.

```
[href^="http"]:not([href*="heydonworks.com"])
```

선택자를 번역하면 '`href`의 값이 http로 시작하지만 heydonworks.com을 포함하지 않는 문자열인 링크'라는 의미다.

아이콘 적용

말했듯이 인클루시브한 편집 경험 중 하나는 편집자가 익숙하지 않은 방법으로 사고하거나 작업하기를 요청받지 않는 것이다. 즉 편집자가 아이콘 이미지를 업로드하고 링크를 걸거나 외부 링크마다 class 속성을 추가하는 등의 소스 편집을 하지 않도록 해야 한다. 대신 CSS의 가상콘텐츠pseudo-content를 사용하면 선택자에 기반해 아이콘이 자동으로 추가되게 할 수 있다.

```
[href^="http"]:not([href*="heydonworks.com"])::after {
  display: inline-block;
  width: 1em;
  height: 1em;
  background-image: url('path/to/external-icon.svg');
  background-repeat: no-repeat;
  background-position: center;
  background-size: 75% auto;
}
```

상대 단위를 사용하고 퍼센트 기준으로 background-size를 지정함으로써 사용자나 미디어 쿼리에 의한 텍스트 크기 변경에 맞춰 아이콘의 크기도 조정되게 한 점에 주목하자.

대체 텍스트

스크린 리더 사용자에게 이 링크가 외부 링크임을 알리는 히든 텍스트hidden text를 추가하는 일이 남았다. 이는 레이아웃에 영향을 주지 않으면서 텍스트를 보이지 않게 하는 몇 가지 규칙과 content 속성을 사용해 달성할 수 있다.

```
[href^="http"]:not([href*="heydonworks.com"])::after {
    display: inline-block;
    width: 1em;
    height: 1em;
    background-image: url('path/to/external-icon.svg');
    background-repeat: no-repeat;
    background-position: center;
    background-size: 75% auto;
    /* 대체 텍스트 규칙 */
    content: '(external link)';
    overflow: hidden;
    white-space: nowrap;
    text-indent: 1em; /* 아이콘의 너비 */
}
```

스크린 리더는 가상콘텐츠(여기서는 '(external link)')를 읽어주지 않을 것이라는 흔한 오해도 있다.[17]

그러나 스크린 리더와 브라우저 조합의 대부분은 가상콘텐츠를 지원한다. 지원하지 않는 조합은 덜 유익하겠지만 적어도 콘텐츠를 못 쓰게 만들지는 않는다.

단락 작성

친절하고 접근성 있는 콘텐츠 작성 방법을 언급하지 않고 인클루시브 디자인에 관해 이야기한다는 것은 직무 유기다. 카피라이팅은 가능한 많은 형태와 구성의 디자인이 필요하다. 그러나 비주얼 디자인

---

17 http://tink.uk/accessibility-support-for-css-generated-content/

이 지배하는 문화에서는 그런 디자인을 한쪽으로 제쳐두는 경향이 있다. 미학과 꾸밈에 관한 덜 중요한 의사결정이 최종적으로 확정되기 전까지 연기된다.

나는 "콘텐츠 우선 디자인Content-First Design"[18]의 열렬한 신봉자다. 이 글 서문의 몇 가지 원칙에서 말했듯이 모든 디자인 행위는 오직 콘텐츠와 그 형성에 힘써야 한다. 상황을 어렵게 만드는 것은 접근성 있는 상호작용이나 색상 대비 등을 다룰 때와는 달리 접근성 있는 어법은 판단하기 쉽지 않다는 점이다. 그럼에도 불구하고 단락 작성에 적용 가능한 몇 가지 일반적인 지침이 있다.

- 단락, 문장, 어휘를 가급적 짧게 작성하자. '나는 갯과의 일종인 포유류 친구를 구매했다'가 '나는 개 한 마리를 샀다'보다 결코 나을 리 없다.
- 수동태[19] 문장을 조심하자. 수동태는 능동태로 쉽게 바꿀 수 있다. '돼지고기 파이가 해리에게 먹혔다'라고 복잡하게 하지 말고 '해리는 돼지고기 파이를 먹었다'와 같이 표현하기 바란다.
- 중복을 제거하자. 같은 의미를 다른 방법으로 두 번씩 표현할 필요가 있는 경우는 거의 없다. 반복을 피하자(중복을 알아챘는가?).
- 단락과 문장의 길이를 다양하게 하자. 지루함을 줄일 수 있으며 집중력을 높여준다.

훌륭한 카피 디자인의 중요성은 이 책에 나오는 여러 패턴 중 일

---

18 http://alistapart.com/blog/post/content-first-design
19 https://en.wikipedia.org/wiki/English_passive_voice (한글 https://ko.wikipedia.org/wiki/수동태)

부를 형성할 것이다. 예를 들어 '블로그 포스트' 장에서는 플레시-킨케이드 등급Flesch-Kincaid Scale[20]을 기준으로 콘텐츠의 가독성 테스트 방법을 설명한다. 당장은 이 말만 기억해도 좋다. '콘텐츠를 제외한 모든 것이 점진적 향상의 대상이다.' 따라서 우리의 프로토타입(시제품)이나 최소 기능 제품Minimum Viable Product : MVP에는 사용자 테스트를 받을 준비가 되어 있는 잘 고안된 실제 카피가 포함되어야 한다. 처음부터 올바른 무언가를 만들고 싶다면 타이포그래피, 레이아웃, 배색 같은 사안이 아닌 콘텐츠부터 제대로 만들자.

정리

처음 상상한 것보다 단락 디자인에는 고려할 사항이 더 많이 있다. 우리는 서체, 행간, 폭, 양쪽 맞춤, 대비, 포커스 표시 등을 살펴보면서 매우 다양한 사람들에게 알맞은 단락을 만드는 올바른 방향으로 나아갈 준비를 갖추었다.

또한 시각장애, 난독증, 광과민성증후군 또는 낮은 읽기 능력이나 제한된 기술 지식을 지닌 사람들에게 영향을 줄 수 있는 특정 이슈에 대처함으로써 거의 모든 사람에게 편안한 읽기와 상호작용 경험을 보장할 수 있게 되었다.

피해야 할 사항

- 소통보다는 감명을 주기 위해 디자인된 글과 서체

---

20 http://smashed.by/flesch

- 너무 길거나 너무 짧은 단락 폭
- 기본적인 흰 배경에 검은 글자가 아닌 과하게 높은 색상의 대비
- `outline: none;`을 사용한 포커스 제거

"멍청한 날짜 선택기date picker! 왜 직접 입력은 안 돼?"
"멍청한 텍스트 필드! 왜 날짜 선택을 못 해?"

블로그 포스트

당장은 지루할 수 있지만 전체 맥락에서 단락을 다시 한 번 살펴보기로 하자.

나는 블로그를 여러 해 운영했는데, 그사이 네다섯 번의 디자인 변경이 있었다. 다른 디자이너 블로거들과 마찬가지로 나 역시 과도한 땜질에 붙들려 있었으며 결과에 만족하지도 못했다. 고객 프로젝트에서 시간은 감당할 수 없는 고가품이므로 그런 여유를 가질 수 없다. 사실 그렇기 때문에 고객 프로젝트를 완료할 수 있는 것이기도 하다.

내가 생각하는 가장 효과적인 블로그 디자인은 가급적 산만한 것은 제거하고 콘텐츠에 집중하는, 이른바 스파르타식 디자인이다. 성능과 접근성 모두에 단순함이 미치는 효과는 과대평가할 필요조차 없다. 복잡하고 야심 찬 레이아웃을 피함으로써 좀더 강력하고 유연한 읽기 경험을 지향할 수 있으며 사용자가 무언가를 조정하더라도 결과적으로 망가질 가능성이 낮아진다.

블로그 포스트는 블로그의 주요 콘텐츠를 형성한다. 이 장에서는 퍼머링크Permalink(또는 고유 주소)로 접근할 수 있는 인클루시브한 블로그 포스트의 구조에 대해 알아보자. 이때 반드시 시맨틱 구조와 소스 순서를 생각해야 한다. 또한 효과적인 링크 텍스트, 비디오 콘텐츠와의 결합, 그리고 콘텐츠 편집자의 작업을 덜어주는 자동화된 플로 시스템flow system 제작에 대해서도 살펴볼 것이다.

`<main>` 요소

'문서' 장에서 몸풀기로 알아보았던 `<main>` 요소를 기억할 것이다.

모든 웹 페이지에는 그 페이지만의 독자적인 콘텐츠를 식별하기 위한 `<main>` 요소가 있어야 한다. `<main>` 요소는 우리가 해당 페이지의 실제 콘텐츠를 신중히 생각하게 만들고 스크린 리더 사용자가 내비게이션을 보조 장치로 사용할 수 있다.

퍼머링크 방식의 블로그에서 중요한 콘텐츠는 블로그 아티클 자체다. 따라서 블로그 아티클은 `<main>` 요소 안에 있어야 한다. 또한 이 요소의 `id` 속성은 키보드 사용자가 건너뛰기 링크를 사용할 수 있도록 하기 위한 것이다. 이 역시 '문서' 장에서 설명했다.

```
<main id="main">
   <!-- 블로그 아티클 -->
</main>
```

복잡한 그리드 시스템을 적용할 때 보통은 `<div>`를 겹겹이 사용하는 방식에 크게 의존하는 경향이 있다. 그렇게 하면 페이지의 시각적인 구조를 한곳에 몰아넣기 좋지만 시맨틱 구조에는 전혀 효과가 없다. 예컨대 다음 코드는 앞의 코드와 똑같다. 다만 더 복잡해졌을 뿐이다.

```
<div class="grid_50">
   <div class="grid_50_inner">
         <main id="main">
               <div class="main_inner">
                       <!-- 블로그 아티클 -->
               </div>
         </main>
   </div>
</div>
```

보통 나는 서드파티 그리드 솔루션을 권하지 않는다. 그런 솔루션은 대개 무거운 자원이며 복잡하고 중복된 마크업을 만들기 때문이다. 다운로드한 문서의 용량이 늘어날 뿐 아니라 불쾌한 부작용도 추가될 수 있다. 실제로 거대한 DOM을 파싱하느라 버벅대다가 오류를 내보내는 스크린 리더를 경험한 적이 있다.

매우 복잡한 레이아웃을 만들 때는 그리드 솔루션이 도움이 될 수 있다. 그러나 아주 복잡한 레이아웃은 만들지 말아야 한다. 단순한 사용자 인터페이스란 유용하며 접근성 있고 관리 가능한 좋은 성능의 인터페이스를 의미하기 때문이다.

출판 디자인에서 그리드는 확실히 고정된 상대적 위치를 가진다. 그런 배치 구도를 이용해 의미 전달도 할 수 있고 '오른쪽 그림을 보라'와 같은 문구도 사용할 수 있다. 그러나 반응형 웹에서는 그런 사치를 누릴 수 없다. 사용 가능한 공간이 있다면 어떤 것을 다른 것 바로 옆에 두어야 할 때도 있다. 그러나 그것을 확실히 고정하려는 노력은 소용이 없다. 플렉스박스로 만드는 반응형 자가 관리 그리드self-managing grid[1]의 간결함에 대해서는 '필터 위젯' 장에서 설명할 것이다.

헤딩의 구조

지금까지는 요소 사이의 관계가 아닌 독립적인 의미를 지니는 개별 요소의 관점에서 시맨틱 HTML을 살펴보았다. `<main>` 요소 자체는 고유의 작동 방식을 제공하지만 부적절한 위치에 놓인다면 그런 이점은 사라진다. 이를테면 하나의 페이지에 여러 `<main>` 요소를 사

---

1 http://www.heydonworks.com/article/flexbox-grid-finesse

용하거나 `<main>` 요소로 전체 DOM을 감싸는 경우에 말이다.

그러나 헤딩 요소 heading element는 그 의미의 상당 부분이 서로 간의 관계에서 유래한다.

`<h1>` 요소

`<h1>` 요소는 문서의 최상위 제목을 나타낸다. 퍼머링크로 된 블로그에서 이 요소는 블로그 아티클의 제목이 되어야 한다. 또한 `<h1>` 텍스트는 문서의 본문 body 전체, 즉 최상위 절 supersection의 레이블에 해당되므로 논리적으로 한 페이지에 두 개 이상 존재할 수 없다.

```
<main id="main">
  <h1>How To Mark Up Inclusive Blog Articles</h1>
</main>
```

`<main>` 요소와 마찬가지로 `<h1>` 역시 보조 기술 사용자가 내비게이션 단축키를 사용할 수 있다. NVDA나 JAWS 사용자 모두 1을 누르면 즉시 `<h1>` 부분으로 이동되며 스크린 리더는 "How To Mark Up Inclusive Blog Articles, heading level one"이라고 읽을 것이다.

실제로 `<main>`과 `<h1>`은 똑같은 기능을 제공한다. 그렇다면 왜 둘 다 필요할까? 스크린 리더 사용자가 다 똑같지 않기 때문이다. 스크린 리더 사용자의 행동과 선호도를 비공식적으로 조사한 적이 있다.[2] 일부 응답자는 랜드마크 내비게이션이 친숙하고 편하다고 했으나 나머지 대다수는 헤딩을 더 선호했다. 사용자에게 절제된 옵션을 제공하는 것을 다양식성 multimodality이라고 한다. 비디오 콘텐츠

---

2 http://smashed.by/srsurvey

와 대본을 함께 제공하는 것도 다양식성의 한 예다. 이에 대해 좀더 알아보자.

또한 응답자들은 스크린 리더의 아래 방향키로 문서의 처음부터 끝까지 읽어 내려가면서 요소 사이를 이동한다고 털어놓았다. 따라서 소스의 순서는 문서 구조에서 중요한 차원이며 스크린 리더가 블로그 아티클을 위에서 아래로 읽도록 해야 한다. 비록 시각적으로는 조금 억지스러울 수 있으나 블로그 아티클은 포스팅 날짜가 아닌 제목부터 시작해야 한다.

```
<!-- 이렇게 하지 말 것 -->
<main id="main">
   <div class="meta">Published on <time datetime="2017-12-12">12/12/2017</time></div>
   <h1>How To Mark Up Inclusive Blog Articles</h1>
   <!-- 아티클 내용 -->
</main>

<!-- 이렇게 할 것 -->
<main id="main">
   <h1>How To Mark Up Inclusive Blog Articles</h1>
   <div class="meta">Published on <time datetime="2017-12-12">12/12/2017</time></div>
   <!-- 아티클 내용 -->
</main>
```

첫 번째 예제에서 H 키를 사용해 헤딩으로 이동한, 즉 헤딩 내비게이션heading navigation을 한 사람은 포스팅 날짜를 알 수 없게 된다. 스크린 리더가 그 부분을 조용히 지나칠 것이기 때문이다.

게다가 접근성 자동 검증 도구도 첫 번째 예제를 오류로 인식할 가능성이 없다는 점에 주목하자. 하지만 오류가 없다고 해서 첫 번째 예제가 올바르다는 의미는 아니다. 인클루시브 디자인은 단지 기술적 오류를 해결할 뿐 아니라 사람들이 실제로 인터페이스를 사용할 수 있게 하는 일이기 때문이다.

스크린 리더의 헤딩 내비게이션

─── Published on 12/12/2017 ─── ↓
How To Mark Up Inclusive Blog Articles

헤딩 내비게이션은 헤딩 이전에 있는 콘텐츠를 건너뛴다.

하위 절

문서 구조에서 깊이depth는 코드 순서만큼이나 중요하다. 블로그 아티클을 하위 절로 나눔으로써 어떤 부분이 다른 어떤 부분에 속해 있는지 설명하는 주제도thematic map나 아우트라인을 구축할 수 있다. HTML5 명세에 `<section>` 등과 같은 중첩 가능한 구획 요소 sectioning element가 포함되어 있지만 현재 인클루시브한 방식으로 깊이를 설명할 수 있는 유일한 요소는 `<h1>`에서 `<h6>`까지다. 그렇다고 `<section>`이나 `<article>`을 사용하면 안 된다는 말이 아니다. 다만 그 요소들이 제공하는 정보로는 깊이를 설명하는 특정 목적을 이룰 수 없다. HTML5의 아우트라인 알고리즘outline algorithm은 `<h1>`에서 `<h6>`까지를 제거하고 구획 요소에 기초해 절의 구조를 자동화한다. 그러나 모든 브라우저의 사용자 에이전트가 이를 구현한 것은 아니며[3] 앞으로도 그럴 조짐은 보이지 않는다.

---

3 http://smashed.by/html5doc

앞서 말했듯이 우리 블로그의 아티클은 `<h1>`으로 시작해야 한다. 물론 `<h1>`만으로 끝낼 수도 있다. 그러나 더 앞선 구조 정보를 제공하지 못한다면 광범위한 사용자들에게 이해력 문제를 일으킬 것이다. 따라서 항상 콘텐츠를 이해하기 쉬운 덩어리로 나누어야 한다. 그것이 바로 차별성 있는 구조를 형성하는 HTML을 궁극적으로 추구하는 바다.

아티클 안에 하위 절을 만들려면 `<h2>`를 사용하면 된다. `<h2>`에서 2는 '두 단계 깊이' 또는 '최상위에서 한 수준 아래'를 말한다. 시각적인 측면에서 헤딩은 관례적으로 폰트 크기를 다르게 한다. 즉 수준이 깊어질수록 더 작은 `font-size`를 사용한다.

```css
h1 { font-size: 3em; }
h2 { font-size: 2.25em; }
h3 { font-size: 1.5em; }
```

여기서 많은 개발자가 실수를 한다. 해당 절이 나타내는 중요성에 가장 부합한다고 생각하는 헤딩 요소를 선택한다. 이를테면 어떤 개발자는 특정 절을 덜 중요하게 여겨서 더 작은 `font-size`가 어울린다고 생각하며 `<h2>` 대신에 `<h3>`을 사용한다. 이는 시각장애인뿐 아니라 그렇지 않은 독자 모두를 기만하는 행위다. 한 수준을 건너뛰면서 사전에 인식한 구조를 무너뜨리기 때문이다.

```html
<h1>How To Mark Up Blog Articles</h1>
<!-- 도입부 콘텐츠 -->
<h3>A quick note on the word 'semantic'</h3>
<!-- 잠깐! 2단계 수준은 어디에? -->
```

블로그 포스트

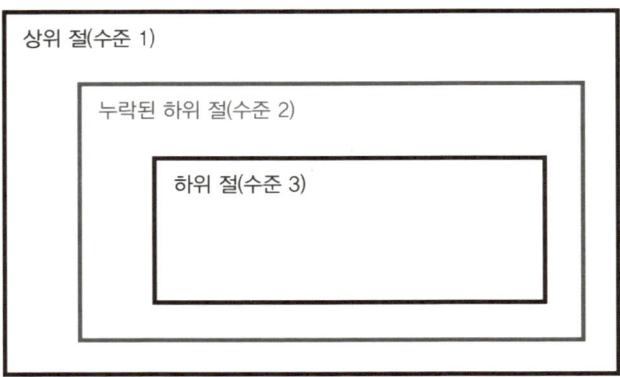

문서 구조에서 누락된 계층으로 인해 사용자는 문서의 머릿속으로 문서 구조를 그리는 데에 혼란을 겪는다.

일부 개발자는 CSS 클래스를 사용해 헤딩 스타일을 별도로 적용하기도 한다. 그러면 의미론적 구조와는 무관하게 폰트 크기를 따로 지정할 수 있는 자유가 생긴다.

```
<h2 class="h3">What am I?</h2>
```

이 방법으로 구조적인 오류를 방지하면서도 시각적 효과를 달성할 수 있다. 그러나 주의해야 한다. 대부분의 상황에서 `<h2>`는 `<h2>`처럼 보여야 한다. 그렇게 하라고 있는 것이기 때문이다. 서로 다른 사용자의 요구에 동등한 경험을 제공하는 일도 인클루시브 디자인의 일부다. 콘텐츠를 시각적인 방법과 비시각적인 방법으로 나누어 관리한다면 이는 곧 시각장애인과 비시각장애인 사용자 모두를 차별하는 것과 다름없다. 서로 다른 스타일 시트를 적용한 동시 버전의 콘텐츠 역시 시각적 구조를 구분하기는 마찬가지다.

부제

블로그 아티클에서 말하고자 하는 모든 것을 제목 하나에 담을 수 없을 때는 부제subtitle 또는 소제목strapline을 사용한다. 책도 마찬가지다.

앞의 예제를 'How To Mark Up Blog Articles'라는 제목과 'In Seven Simple Steps'라는 부제로 다시 작성할 수 있다. 문제는 마크업이다. 이런 경우 제목보다 한 수준 아래의 헤딩 요소를 부제에 적용한 사례를 많이 보아왔는데, 다음과 같다.

```html
<main id="main">
   <h1>How To Mark Up Blog Articles</h1>
   <h2>In Seven Simple Steps</h2> <!-- 부제가 헤딩이 되면 안 됨 -->
   <div class="meta">Published on <time datetime="2017-12-12">12/12/2017</time></div>
   <!-- 아티클 내용 -->
</main>
```

헤딩이 구조적으로 기여하는 바를 잘 안다면 앞 예제의 문제점을 볼 수 있어야 한다. `<h2>`가 'In Seven Simple Steps'라는 제목의 직속 하위 절을 구성한다는 점이다. 이는 기괴하고 단편적인 제목이며 차례를 생성해보아도 이상하다.

- How To Mark Up Blog Articles
  - In Seven Simple Steps
    - Headings
      - Subsections
  - Link text

한때는 `<hgroup>` 요소가 해법인 적이 있었다. `<h1>`과 `<h2>`를 `<hgroup>`으로 감싸면 이론적으로 `<h2>`가 아웃트라인에서 배제되며 제목으로 생성되는 일을 막을 수 있다.

```
<!-- 이렇게 하지 말 것 -->
<hgroup>
   <h1>How To Mark Up Blog Articles</h1>
   <h2>In Seven Simple Steps</h2>
</hgroup>
```

그러나 MDN(모질라 개발자 네트워크)의 아티클[4]에서 증명했듯이 `<hgroup>`은 HTML5 명세에서 삭제되었다. 따라서 이 요소가 모든 브라우저에서 일관되고 신뢰할 수 있게 구현되리라는 기대를 하면 안 된다.

알맞은 해법을 찾는 것은 이루고자 하는 목적에 달려 있다. 만약 'In Seven Easy Steps'를 제목의 일부로 만들고 싶다면 의미론적인 내용이 없는 `<span>` 요소를 사용해 분리하고, `h1 span { display: block; }`을 사용해 다음 줄로 떨어뜨리면 된다.

```
<h1>
   How To Mark Up Blog Articles <span>In Seven Simple Steps
</span>
</h1>
```

이렇게 하면 다음과 같은 올바른 아웃트라인을 만들 수 있다.

---

4 http://smashed.by/hgroup

- How To Mark Up Blog Articles In Seven Simple Steps
    - Headings
        - Subsections
- Link text

만약 부제의 중요도가 높지 않아 아우트라인에 아예 포함되지 않게 하고 싶다면 다음과 같은 방법이 적당하다.

```
<h1>How To Mark Up Blog Articles</h1>
<p><span class="visually-hidden">Subtitle:</span> In Seven Simple Steps</p>
```

`<span>` 안의 `.visually-hidden` 클래스에 주목해보자. 시각적인 관점에서 부제의 역할은 아마도 자신의 스타일에 따라 정해질 것이다. 그러나 비시각적인 맥락에서는 명확하지 않다. 스크린 리더는 `<h1>`에서 `<p>`로 넘어가면서 아티클 본문에 들어갔다고 인식하기 때문이다. 따라서 'Subtitle:'이라는 접두사를 제공함으로써 `<p>` 요소의 비시각적 역할을 명확히 할 수 있다. 마치 스크린 리더가 'Button'이라고 읽게 만드는 `<button>` 요소의 암묵적 역할처럼 말이다.

`.visually-hidden` 클래스는 시각적으로는 숨겨지면서 스크린 리더 소프트웨어에는 인식되도록 하는 특별한 속성들을 사용해야 한다. `display: none;`, `visibility: hidden;`, `height: 0;` 또는 `width: 0;`을 사용한다면 우리가 원하는 동작을 하지 못한다. 시각적으로나 청각적으로 모두 `<span>`을 무효로 만들기 때문이다.

```
.visually-hidden {
  position: absolute;
```

```css
    width: 1px;
    height: 1px;
    overflow: hidden;
    clip: rect(1px, 1px, 1px, 1px);
    white-space: nowrap;
}
```

이 같은 유틸리티 클래스를 언제든지 사용할 수 있도록 스타일시트에 보관해두기를 권한다. 이 책에서도 `.visually-hidden`을 자주 보게 될 것이다.

부제에 해당하는 요소를 지정해야 하는 상황에서는 'Subtitle:' 접두사를 요소 고유의 역할처럼 사용할 수 있으며 자동으로 '접근성 트리Accessibility Tree'[5]에서 사용 가능하게 된다. 접근성 트리는 역할, 속성, 상태, 레이블, 값 등을 노출시키는 보조 기술용 DOM 트리를 말한다. 보조 기술과의 상호작용은 제외하더라도 접근성 트리는 의미론적 요소를 사용할 때 얻을 수 있는 소박한 혜택 가운데 하나다.

`<article>` 요소

HTML5의 구획 요소를 둘러싼 많은 혼란이 있다. 이를테면 "이 글은 아티클이 맞으니 `<article>` 요소 안에 넣어도 되지 않을까?"라는 질문을 할 수 있다.

```html
<main id="main">
    <article>
```

---

[5] http://smashed.by/a11ytree

```
        <h1>How To Mark Up Inclusive Blog Articles</h1>
        <div class="meta">Published on <time
datetime="2017-12-12">12/12/2017</time></div>
        <!-- 아티클 내용 -->
  </article>
</main>
```

　대답은 '아마도 아닐 것이다' 또는 '그럴 수도 있다'이다. 이론적으로 `<article>`은 HTML5의 아웃라인 알고리즘에 의해 반드시 새로운 하위 절로 시작해야 한다.[6] 따라서 앞 예제에서는 알맞은 위치에 사용되지 않았다. 우리는 아직 문서의 메인 콘텐츠, 즉 최상위 절을 시작도 하지 않았기 때문이다. 그러나 실제로 아웃라인 알고리즘을 구현한 사용자 에이전트가 없으므로[7] 보조 기술 사용자에게 어떤 효과도 주지 못한다. 즉 현실적으로는 아무런 해가 되지 않는다. `<main>` 요소와는 달리 `<article>`은 랜드마크가 아니며 이를 탐색 도구로 지원하는 스크린 리더가 거의 없다. 앞 예제에서 `<article>`은 `<main>`의 단독 자식 요소이므로 사용자를 같은 장소로 안내할 것이다.

　전반적으로 `<article>`은 그다지 매력적으로 보이지 않는다. 그러나 특정 상황에서는 작지만 장점이 하나 있다. 스크린 리더 JAWS는 이 요소에 진입하면 'Article'을 빠져나갈 때는 "Article end"라고 읽는다. 유일하게 JAWS의 경우에만 그렇다. 이는 똑같은 페이지에 여러 `<article>`이 있을 때 위에서 아래로 읽어 내려가는 사용자에게는 분명히 유용할 것이다. 예컨대 다음과 같은 식의 마크업은 포스트를 나열하는 블로그 홈페이지에서 유용할 수 있다.

6　http://smashed.by/html5outline
7　http://smashed.by/html5doc

```
<article>
   <!-- 첫 번째 아티클 내용 -->
</article>
<article>
   <!-- 두 번째 아티클 내용 -->
</article>
<article>
   <!-- 세 번째 아티클 내용 -->
</article>
```

시맨틱 요소를 선택할 때는 사용자 경험의 관점에서 고민해보자. 때로는 이론적으로 적절한 요소지만 사용자 환경에서 지원하지 않아 누구에게도 효과를 줄 수 없는 경우가 있다. 또는 효과를 주기는 하지만 일부 동작에서 혼란을 일으키거나 일관성을 해치거나 오히려 방해가 될 때도 있다.

앨리스 바틀릿Alice Bartlett은 "셀렉트 태그를 태워라Burn Your Select Tags"[8]라는 강의에서, 영국 정부디지털서비스Government Digital Service[9]에서 자신이 수행한 `<select>` 요소의 유용성에 대한 연구 내용을 공유했다. 보편적으로 구현된 시맨틱 요소인데도 가능하다면 `<select>` 요소의 사용을 피해야 하는 강력한 근거가 있다. `<select>`는 기술적인 단점(일부 디바이스에서 `<option>` 확대 불가 등)이 있을 뿐 아니라 모든 유형의 사용자를 이해시키지 못하는 것으로 보이기 때문이다.

---

8   https://www.youtube.com/watch?v=CUkMCQR4TpY
9   https://gds.blog.gov.uk/

점진적 향상과 상호운용성

블로그 아티클을 위해 우리가 조성한 바와 같은 튼튼한 시맨틱 구조는 단지 스크린 리더 사용자에게만 이익을 주는 것이 아니다. 브라우저가 스타일시트 로딩에 실패하더라도 자신만의 기본 스타일시트, 즉 사용자 에이전트 스타일시트를 사용해 인터페이스의 핵심 요소를 구별할 것이다. 이를테면 헤딩은 굵은 글씨로 표시되며 절의 깊이에 맞는 폰트 크기가 적용된다.

또한 피드 리더Feed Reader와 같은 콘텐츠 신디케이트(배급망) 서비스는 전용 애플리케이션 내에서 편안한 읽기 경험이 가능하도록 자신만의 구조 스타일을 적용하게 할 수 있다. 콘텐츠가 서로 다른 영역에서 서로 다른 입력 방식을 통해 동작할 때 이를 상호운용성Interoperable이라고 한다. 좋은 시맨틱 구조는 스크린 리더, 피드 리더, 검색엔진 등 콘텐츠의 구조적 의미를 찾아보는 모든 종류의 파서와 함께 잘 동작한다.

콘텐츠 구조가 튼튼한지 테스트하는 좋은 방법은 CSS를 빼도 페이지를 제대로 읽을 수 있는지 확인하는 것이다. 여전히 순서와 계층이 분명하게 보이는가? 여전히 페이지 내비게이션이 가능한가?

싱글 페이지 애플리케이션에 대한 짧은 노트

싱글 페이지 애플리케이션은 클라이언트 측 자바스크립트의 콘텐츠 렌더링 및 리렌더링rerendering 방식을 활용하는 전형을 보여준다. 이 접근법은 사용자와의 상호작용이 많을 경우 즉각적인 페이지 갱신을 가능하게 한다. 이는 서버와의 왕복 통신, 즉 전통적인 개별 페이지 로딩 방식으로는 불가능한 일이다.

그러나 읽기를 주목적으로 하는 정적 콘텐츠를 제공할 경우 콘텐츠 렌더링을 클라이언트 측 자바스크립트에 지나치게 의존하는 방법은 생각보다 좋은 성과를 내지 못하며 비교적 신뢰성이 떨어진다. 사용자는 자바스크립트 실행 환경이 갖춰지지 않았거나 문제가 있을 때도 여전히 콘텐츠를 이용할 수 있어야 하기 때문이다.

서버에서 렌더링된 콘텐츠를 제공한다는 것은 검색엔진 또는 컬cURL[10]과 같은 명령행 도구를 사용하는 서드파티 도구에서도 콘텐츠를 파싱할 수 있음을 의미한다. 이런 이유로 인디웹IndieWeb의 공동 설립자 탄테크 첼리크Tantek Çelik는 자바스크립트에 의존하는 정적 콘텐츠는 웹디자인의 근본에 어긋난다고 생각한다.

"컬이 안 된다면 웹이 아니다."
― 탄테크 첼리크, "자바스크립트가 필요한 글은 읽지 않는다."[11]

스매싱 매거진smashingmagazine.com처럼 사전에 렌더링된 콘텐츠를 클라이언트에 전송하는 사이트는 사용자가 콘솔에서 `curl` 명령을 통해 콘텐츠를 바로 인쇄할 수 있다. 그러나 자바스크립트를 통해 클라이언트 측에서 콘텐츠를 구성하는 방식이라면 `curl`이 실행하지 못하는 자바스크립트 코드만 눈으로 보고 있을 수밖에 없다.

```
curl https://www.smashingmagazine.com
```

10　https://curl.haxx.se/docs/httpscripting.html
11　http://tantek.com/2015/069/t1/js-dr-javascript-required-dead

플레시-킨케이드 가독성 검사

'단락' 장에서는 쉽게 나눌 수 있는 본문 작성에 대한 기본적인 지침을 제시했다. 이제 하나의 블로그 아티클 안에 단락 몇 개를 넣어보자. 콘텐츠의 가독성을 재검토할 수 있는 좋은 기회가 될 것이다.

콘텐츠의 단어, 문장, 단락의 길이를 측정하는 데는 두 가지 방법이 있다.

먼저 플레시 독해 용이성Flesch Reading Ease 검사는 0부터 100까지의 점수로 결과를 낸다. 점수가 높을수록 읽기 쉽다는 말이며, 따라서 더욱 인클루시브하다는 의미다. 플레시-킨케이드 학년 수준Flesch-Kincaid grade level 검사도 비슷한데, 다만 미국 학교의 학년 수준으로 나타낸다. 저학년일수록 같은 연령의 학생도 읽을 수 있는, 즉 그만큼 독해가 쉽다는 의미다. 다음은 플레시-킨케이드 가독성 검사와 관련해 위키피디아에서 제공하는 요약표다.[12]

점수	학년	설명
90~100	초등 5학년	매우 읽기 쉬움. 평균 11세의 학생도 쉽게 이해할 수 있다.
80~90	초등 6학년	읽기 쉬움. 일상 대화에 사용되는 영어 수준이다.
70~80	중등 1학년	읽기 쉬운 편이다.
60~70	중등 2~3학년	보통 수준이며 13~15세의 학생이 쉽게 이해할 수 있다.
50~60	고등학생	읽기 어려운 편이다.
30~50	대학생	읽기 어렵다.
0~30	대졸 이상	매우 읽기 어려움. 대학 졸업자 수준의 독자가 이해할 수 있다.

플레시-킨케이드에 대응하는 콘텐츠를 검사할 수 있는 여러 도구

---

12 http://smashed.by/flesch

가 있다. 예컨대 크롬의 확장 프로그램으로는 트레이 리더빌리티 도구TRAY Readability tool[13]가 있다. 만약 명령행에서 실행하는 도구를 원한다면 내가 만든 리더빌리티 체커 CLIReadability Checker CLI[14]도 있다. Node.js의 CLI(명령행 인터페이스)로 `readability-checker`를 전역 설치하고 검사하려는 웹 페이지만 지정하면 된다.

```
npm i readability-checker -g

readability http://your-site.com/about.html
```

이렇게 하면 다음과 같은 결과를 볼 수 있다.

- 플레시 독해 용이성 점수(높을수록 가독성이 좋으며 최고 점수는 100점)
- 점수에 대한 간략한 설명
- 긴 단어 목록(최소 5음절 이상)
- 긴 문장 목록(최소 36단어 이상)

최근에는 접근성과 인클루시브 디자인에 중점을 둔 테넌Tenon[15]과 같은 품질 보증 도구도 나오기 시작했다. 주로 개발자를 위해 개발자가 설계한 유지보수 중심의 품질 보증 문화에서 그런 품질 보증 도구의 출현은 환영할 만한 일이다. 일관성 없는 들여쓰기처럼 좋지 않은 코드 스타일이 구축을 방해한다면 그것은 문제가 된다. 그러나 사용자를 소외시킬 위험성 때문에 구축에 실패한다면? 나

---

13 http://smashed.by/tray
14 https://github.com/Heydon/readabilityCheckerCLI
15 https://tenon.io/

쁜 가독성을 실패의 한 지점으로 여기지 않을 이유는 전혀 없다.

그러나 가독성이란 주관적인 사안이다. 가독성을 결정하는 공식과 같은 과학적 수단이 타당해 보인다 할지라도 플레시-킨케이드 검증 하나에만 의존하면 안 된다. 플레시-킨케이드는 잠재적 이슈를 밝혀줄 조기 경보 시스템으로 활용하고 반드시 실제 사용자 테스트를 수행해야 한다.

헤딩과 링크의 텍스트

프런트엔드 개발자라면 모듈화 디자인의 장점에 친숙할 것이다. 재사용 가능한 모듈(또는 컴포넌트)을 만듦으로써 확실히 믿을 수 있는 코드를 보다 빠르게 개발할 수 있으며 중복을 없앨 수 있다. 좋은 모듈은 고유의 목적으로 서로 다른 영역에서 매끄럽게 이용될 수 있다.

인클루시브 디자인을 목적으로 할 때는 헤딩 텍스트에 자립성, 즉 그 자체로 의미가 있어야 한다. 이를테면 다음 <h2> 헤딩을 보자.

```
<h2>Free, you say? Then yes, please!</h2>
```

주변 단락의 맥락에서 헤딩의 내용을 충분히 추측할 수 있다. 이전 절부터 읽고 넘어왔다면 여기서 말하는 무료free가 무엇인지 알 수 있다. 그러나 이 헤딩이 차례로 추출되었을 때는 이야기가 다르다. 도대체 무엇이 무료란 말인가?

직설적이고 서술적인 헤딩은 이어지는 콘텐츠를 명확히 하며 전반적인 이해를 돕는다. 다시 말해 아리송하거나 엉뚱한 헤딩은 좋지 않다는 것이다. 게다가 스크린 리더 사용자에게는 특별한 의미가 더 있다. 스크린 리더는 동적으로 헤딩을 목록화해 선택이 가능하도록 제시한다. 이를테면 NVDA에서는 Insert + F7 키를 사용해 요소 리스트the elements list라는 목록 박스를 열고 그 안에서 헤딩을 고를 수 있다. 또한 애플의 보이스오버VoiceOver는 로터Rotor를 열어(맥 OS X에서는 control + option + u 키) 같은 방식으로 헤딩 목록을 볼 수 있다.

따라서 다음과 같은 헤딩 텍스트가 더 유용할 것이다. 적어도 현재 절이 실제로 플랩잭(팬케이크)에 관한 내용이라면 말이다. 그렇지 않다면 오히려 오해를 만들 수 있다.

```
<h2>Free flapjacks, you say? Yes, please!</h2>
```

조잡한 링크 레이블

링크도 헤딩과 마찬가지로 NVDA의 요소 목록으로 수집되며 다른 스크린 리더에서도 비슷하다. 링크 텍스트 역시 자체적인 의미가 있어야 한다. 이를테면 다음과 같은 인라인 링크를 습관적으로 사용하는 블로거들을 본 적 있을 것이다.

I have a lot of support to back up my amazing ideas!

귀엽다. 그러나 각 링크는 완전히 무의미한 레이블로 되어 있다. 심지어 'a link lot link of link'라고 차례대로 읽는 것도 아무 쓸모없음은 두말하면 잔소리다. 또한 이런 식으로 분리된 링크가 있으면 보기에 깔끔하지도 않다. 밑줄을 어디서 끊어야 할지는 상황에 따라 다르다. 아예 링크 밑줄을 표시하지 않는 것은 더 나쁜 일이다.

만약 다른 사람이 작업한 내용을 인용할 생각이라면 그 사람의 이름을 언급하는 것이 예의다. 다음 예제에서 각 링크는 모두 실제 목적지를 가리키며 쉼표와 'and'로 보기 쉽게 구분되어 있다.

I have a lot of support to back up my amazing ideas, including Why Heydon Is Right by John Thoughtleader, In Support Of Heydon by Jane Unicornfield, and When Heydon Talks It's Like He Vomits Fragrant Rainbows by Harry Surname.

비디오

나는 작가로서 단어의 진행과 차단을 구분하고 명확히 하는 일, 특히 HTML과 관련해서는 그런 오래된 작업이 여전히 흥미롭다. 그러나 모든 사람이 확실한 작가이거나 열렬한 독자는 아님을 인정한다. 그러므로 블로그 포스트에 이미지, 사운드, 비디오 등을 추가하면 콘텐츠를 다채롭게 만들 뿐 아니라 서로 다른 상황에서 여러 기능과 설정을 조정할 수 있게 해준다.

비디오의 경우를 보자. 때로는 무언가 동작하는 모습을 설명하기보다 비디오로 보여주는 편이 더 낫다. 이것은 무언가를 배울 때 더 좋은 방법이기도 하다. 보여주기보다는 설명하는 것이 나을 때도 있다. 그와 동시에 다른 것을 볼 필요가 있기 때문이다. 이를테면 비주얼 디자인 작업을 하면서 동시에 콘퍼런스 비디오 토론을 듣고 싶을 수 있다. 헤드폰이 없을 때 버스에서 주변 승객을 방해하지 않으면서 무언가를 보고 싶을 수도 있다. 더 나아가 비디오 강연에 자막이 있으면 원어민이 아닌 사람에게 큰 도움이 된다. 잘 만들어진 자막이 있는 비디오가 가장 바람직하다.

물론 자막은 청각장애인을 만족시킬 수 있지만 단지 그들만을 위한 것은 아니다. 자막이란 단순히 '똑같은 콘텐츠를 소비하는 또 다른 방법'이라고 이해하면 좋다. 그러면 얼마나 많은 사람이 자막을 활용할 수 있는지에 대해 더 나은 아이디어를 얻을 수 있다. 그러나 자막은 오직 비디오 자체를 다운로드하거나 스트리밍할 때만 사용할 수 있다. 대화가 포함된 비디오에 항상 대본이 딸려 있는 이유다.

비디오 블로그 포스트는 비디오를 눈에 띄게 해야 하지만 그 이면에서는 대본을 제공해야 한다. 다음은 비디오 포스팅을 위한 몇 가지 조언이다.

비디오 플레이어

비디오 플레이어에 키보드와 스크린 리더가 접근할 수 있어야 한다. 사용할 가치가 있는 플레이어인지 확인하는 가장 빠른 방법은 키보드에서 Tab 키를 눌러보는 것이다. 만약 플레이어가 포커스를 전혀 갖지 못한다면 게임 끝이다. 그 플레이어는 버리고 다른 플레이어를 찾아보자.

최악의 키보드 접근성 구현 대회의 두 번째 영예는 Tab 키로 진입은 가능했으나 아무런 시각적 반응이 없는 플레이어에게 돌아간다. '단락' 장에서 '포커스 표시' 절을 기억하는가? 간단히 말하면 포커스 스타일이 없으면 안 된다. 만약 플레이어가 HTML과 CSS로 구현되어 있고 자신만의 포커스 스타일을 플레이어에 적용할 수 있다면 그 플레이어는 쓸 만하다는 이야기다. 즉 스크린 리더도 접근할 수 있다는 의미다.

스크린 리더로 테스트하고 싶다면 다음 단계를 따르기를 권한다.

- NVDA 스크린 리더[16]를 설치한다.
- NVDA 스크린 리더를 파이어폭스에서 실행한다. 최대의 호환성을 위해 파이어폭스만 사용한다.
- 디큐 시스템Deque Systems[17]의 비디오를 재생한다.
- 웹AIMWebAIM의 NVDA 키보드 단축키 목록[18]을 참고한다.
- 스크린 리더 사용자 경험은 실제 시각장애가 있는 사용자의 경험과는 극적으로 다르다는 사실을 잊지 말아야 한다. 심지어 시각장애인 사용자 사이에서도 판이하게 다른 전략을 취한다. 이런 다양성에 대한 감각을 얻으려면 내가 조사한 스크린 리더 전략에 관한 설문조사[19]의 응답 결과를 참고하기 바란다.

이와 달리 맥 사용자라면 command + F5 키로 애플의 보이스오버를 활성화하고 튜토리얼을 따라해보자. 보이스오버는 사파리에서 사용할 때 가장 신뢰할 만하다.

다행히 비디오 플레이어와 같은 위젯을 테스트할 때 NVDA나 다른 스크린 리더가 제공하는 방대한 키보드 명령을 전부 알 필요는 없다. 키보드 지원 테스트 경우와 마찬가지로 단순히 Tab 키를 눌러 대상 컨트롤에 포커스가 맞춰지게 한 다음 음성 피드백을 확인하면 된다. 이를테면 재생 버튼이 포커스를 받으면 "Play button"과 같은 식으로 낭독되어야 한다. 이미 재생 중이라면 "Pause button"과

---

16 http://www.nvaccess.org/
17 http://smashed.by/nvdatesting
18 http://webaim.org/resources/shortcuts/nvda
19 http://smashed.by/srsurvey

같은 식으로 낭독되어야 한다. 물론 버튼이 실제로 '눌러서 재생'에서 '눌러서 일시정지' 상태로 전환되는지도 확인해야 한다. 이는 스크린 리더의 실행 여부와 관계없이 Space 키나 Enter 키를 통해 할 수 있어야 한다.

권장 비디오 플레이어

- 유튜브 내장 플레이어
- 에이블 플레이어Able Player[20]
- 페이팔의 액세서블 HTML5 비디오 플레이어Accessible HTML5 Video Player[21]
- 로라 캘백Laura Kalbag의 액세서블 리스폰시브 HTML5 비디오 플레이어Accessible and Responsive HTML5 Video Player[22]

폐쇄 자막

폐쇄 자막Closed Caption이란 비디오 자체에 내장되지 않고 별도의 연관 파일로 존재함으로써 사용자가 끄거나 켤 수 있는 자막을 말한다. 이 자막은 HTML5 `<video>`[23]에 WebVTT 형식의 파일[24]을 `<track>` 요소의 `src`로 지정하며 수동으로 추가할 수 있다. 그러나 폐쇄 자막을 구축하는 가장 쉬운 방법은 유튜브가 제공하는 직관적

---

20 https://ableplayer.github.io/ableplayer/
21 https://github.com/paypal/accessible-html5-video-player
22 https://2017.ind.ie/blog/accessible-video-player/
23 http://smashed.by/html5track
24 https://www.w3.org/TR/webvtt1/

인 GUI를 사용하는 것이다. 이에 대해서는 구글의 도움말[25]을 참고하기 바란다.

자막을 작성할 때 지켜야 할 관행들이 있는데, 그중 가장 중요하게 식별해야 할 사항은 다음과 같다.

1. 화자의 전환
2. 주변 또는 부수적인 소리

화자 식별과 사운드 효과

사이먼과 루퍼트라는 두 인물이 등장하는 비디오가 있다고 해보자. 두 사람은 한 호프집 테이블에 마주앉아 있다. 사이먼은 유령거미[26]가 세상에서 가장 강한 맹독을 가지고 있다고 말문을 열었으며, 그럼에도 불구하고 거미의 이빨은 인간의 피부를 뚫을 만큼 강하지 않기 때문에 해롭지 않다고 이야기를 이어갔다.

물론 그 이빨은 송곳니를 말한다. 송곳니를 드러낸 거미를 상상해 보라!

다음 예시부터는 화자를 구분하기 위해 자막 시작 부분에 화자 이름을 표시했다. 이것이 화자를 구분하는 유일한 방법은 아니지만 어떤 방법을 사용하든 일관성이 있어야 한다. 화자가 바뀌지 않은 경우에는 화자 이름을 생략했다.

---

25 https://support.google.com/youtube/answer/2734796?hl=en-GB
26 https://en.wikipedia.org/wiki/Pholcidae

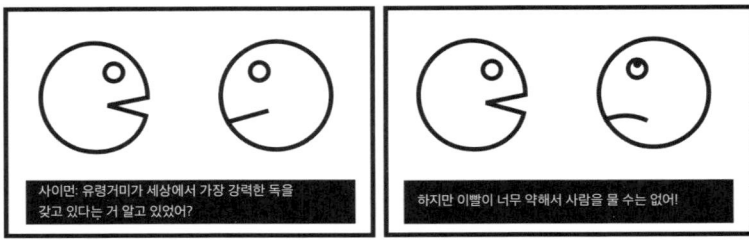

왼쪽 화면에서 왼쪽 화자의 이름을 자막 첫 부분에서 알 수 있다. 이름 다음에는 콜론을 찍었다.

루퍼트는 이 정보가 그저 인터넷 루머에 불과하다는 사실을 알고 있기 때문에 사이먼의 잘못된 주장[27]을 바로잡고자 한다. 루퍼트는 새로운 화자이므로 똑같은 규칙으로 이름을 표시했다.

이때(화면 밖에서) 바텐더가 컵을 떨어뜨려 두 사람의 대화는 중단된다.

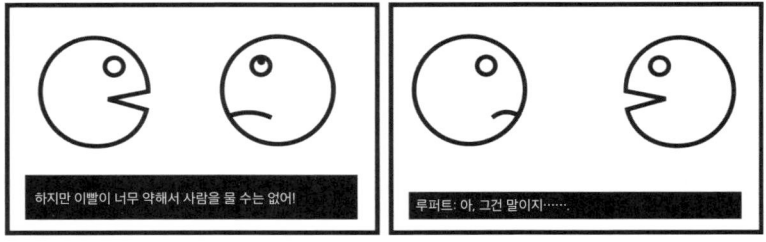

이처럼 소리에 대한 설명은 종종 대괄호([])로 표시한다. 바텐더는 즉시 사과한다. 바텐더는 화면 밖에 있는 화자이므로 이름 앞에 부등호(>)를 붙였다.

---

27 http://smashed.by/livescience

참고로 BBC의 자막 지침[28]은 화자, 발표문, 소리, 음악 등 다양한 옵션의 식별 방법을 자세히 설명하고 있다.

대본

대본은 비디오 포스트에서 주된 텍스트 콘텐츠를 형성한다. 대본을 먼저 작성하고 대본을 자막으로 바꾸는 편이 더 쉬울 때도 있다. 어떤 경우든 대본은 자막과 같은 선상의 형태여야 한다. 다음은 앞의 자막을 대본으로 만든 것인데, 유일하게 수정한 부분은 바텐더가 화면 밖에 있다는 표기뿐이다.

사이먼: 유령거미가 세상에서 가장 강력한 독을 갖고 있다는 거 알고 있었어? 하지만 이빨이 너무 약해서 사람을 물 수는 없어!
루퍼트: 아, 그건 말이지…….
[유리 깨지는 소리]
바텐더: (화면 밖에서) 죄송합니다!

---

28 http://bbc.github.io/subtitle-guidelines

플로 시스템 구축

인클루시브 웹디자인은 사용자에게 강력하고 접근하기 쉬운 경험만을 제공하기 위한 것이 아니다. 사이트 운영자나 편집자의 콘텐츠 기여를 촉진하고 쉽게 하는 것과 관련이 있다.

그리드 시스템과 마찬가지로 플로 시스템(흐름 체계)도 CSS로 레이아웃을 관리한다. 그리드 시스템과는 달리 플로 시스템은 하나의 칼럼에서 차례로 보여지는 헤딩, 단락, 목록, 이미지, 비디오 등과 같은 플로 요소 사이의 관계를 다룬다. 좋은 플로 시스템은 요소의 순서나 조합과 상관없이 규칙적이고, 간격은 적절한 공간을 가지며, 요소는 읽기 편하게 나열한다. 따라서 편집자가 즉시 콘텐츠를 작성할 수 있게 해준다.

모든 것을 나누는 line-height

완벽한 수직 리듬Vertical Rhythm[29]을 구축하고 유지하는 일이 쉽지는 않지만 적어도 단락의 행간을 수직 공간의 기준으로 삼는 것은 좋은 방법이다. 따라서 어떤 단락의 `line-height`가 1.5라면 수직 공간의 한 단위는 `1.5rem`이다.

위지위그WYSIWYG나 마크다운Markdown 에디터에 통합된 플로 요소와 상관없이 독립적인 규칙성을 적용하려면 약간의 예외만 포함된 다음과 같은 기본 간격을 일반적으로 적용할 수 있다.

---

29 http://smashed.by/verhythm

```
main * + * {
  margin-top: 1.5rem;
}

li, dt, dd, br, th, td {
  margin-top: 0;
}
```

첫 번째 줄에서 이른바 올빼미 선택자Owl Selector[30]라고 하는 * + * 부분에 주목하기 바란다. 이것은 연속되는 요소 사이에서만 상단 마진top margin이 반드시 적용되도록 한다.

그렇지 않고 요소에 직접 여백을 적용하면 컨테이너의 패딩padding과 함께 전체 여백이 두 배가 될 위험이 있다.

```
.container {
  padding: 1.5rem;
}

.container p {
  margin-top: 1.5rem;
}

/* 이렇게 하면 .container 상단의 여백이 3rem이 된다 */
```

그룹화와 분리

현재 모든 플로 요소는 몇 가지 예외를 제외하고 1.5rem 마진으로 똑같이 분리되어 있다. 리스트 아이템(`<li>`)은 마진이 적용되지 않으

---

[30] http://alistapart.com/article/axiomatic-css-and-lobotomized-owls

며 결과적으로 한 그룹으로 보인다. 일부 사용자의 이해를 위해서라도 연관된 요소는 시각적으로도 가까운 곳에 있어야 한다.

측정 단위를 rem에서 em으로 바꾸면 블로그 내의 하위 절에도 같은 효과를 줄 수 있다. 헤딩에 em을 적용하면 원래 폰트 크기보다 상대적인 크기를 갖게 된다. 헤딩 텍스트는 본문 텍스트보다 크므로 이는 헤딩이 그다음에 소개될 콘텐츠에 더욱 가깝게 보인다는 의미다.

```
* + h2,
* + h3 {
/* rem이 아닌 em */
   margin-top: 1.5em;
}
```

단락에서 인용문이나 그림처럼 텍스트를 보충하는 콘텐츠를 분리하려면 다음과 같은 식으로 <p>가 아닌 모든 것에 더 큰 마진을 적용하면 된다.

```
main * + *:not(p) {
   margin: 3rem 0;
}
```

수직 리듬을 유지하기 위해 단락 행간의 배수(1.5×2=3)를 사용한다. 표준 상단 마진인 1.5rem이 대체되어 위아래 요소 모두 3rem의 마진을 갖게 된다는 점을 유념하자. 마진 병합collapsing margin[31]이라는 특성 덕분이다. 편집자는 <blockquote>, <figure>, <audio> 또는 그

---

31 http://smashed.by/cssbox

밖의 어떤 요소나 산문의 흐름을 잠시 멈출 공간을 끼워 넣을 수 있다.

```
        p
        p
     *:not(p)
        p
        p
```

연속적인 단락 사이의 마진이 단락과 다른 요소 사이의 마진보다 작다. CSS에는 유니버설 선택자(*)보다 좀더 인클루시브한 것도 있다. 이것은 콘텐츠와 연관성을 인클루시브하게 관리하는 데 도움이 된다.

방어적 프로그래밍에 대한 짧은 노트

나는 늘 위지위그WYSIWYG : What You See Is What You Get라는 말에 오해의 소지가 있다고 생각한다. 위지위그 에디터들은 거의 예외 없이 원하지 않는 찌꺼기를 소스에 남기는 습관이 있기 때문이다.

```
<p></p>
<p></p>
<p></p>
<!-- 끝없이 계속 -->
```

어떤 경우에는 이 같은 코드가 렌더링된 콘텐츠의 수직 공간과 리듬에 영향을 줄 수 있다. 따라서 빈 요소를 플로에서 제거하는 방어적 코딩이 필요할 것이다. 다음과 같이 `display:none;`을 사용하면 빈 요소의 레이아웃을 제거할 수 있다. 또한 해당 요소의 마진

속성도 함께 제거된다.

```
main :empty {
  display: none;
}
```

일반적으로 마크다운[32]이나 텍스타일textile 같은 문법으로 잘 구조화된 시맨틱 콘텐츠를 만들 수 있다. 헤딩이나 리스트 아이템처럼 시맨틱 HTML 요소에 대응하는 쉬운 문법을 제공하기 때문이다. 또한 대부분의 에디터(이 책을 쓸 때 사용한 펜플립Penflip[33] 에디터 같은)가 인코딩하지 않은 원래의 HTML을 입력받을 수 있다. 이는 HTML에 능통한 에디터가 보다 복잡한 콘텐츠를 만들 수 있는 옵션도 제공한다는 의미다.

편집진에 구조화된 콘텐츠로의 전환과 기존 위지위그 기반 시스템 수정을 훈련시키는 대신 방어 전략을 사용하면 그런 골치 아픈 부분을 완화시킬 수 있다. 레이아웃 버그를 고치는 데 들이는 시간은 낭비이며, 따라서 편집 경험에 불만을 갖고 멀리하는 데 이바지할 것이기 때문이다.

정리

이 장에서는 블로그 포스트 패턴의 관념에서 가장 기본적인 인클루시브 디자인의 한 측면을 다루었다. 바로 구조다. 접근 가능한 랜드

---

[32] https://en.wikipedia.org/wiki/Markdown(한글 https://ko.wikipedia.org/wiki/마크다운)
[33] https://www.penflip.com/

마크와 합당한 절의 구조를 결합함으로써 콘텐츠(블로그 포스트든 아니든)는 다양한 사용자와 파서에 의한 내비게이션과 상호작용을 더욱 쉽게 한다. 이는 잘 작성된 문맥에 독립적인 구조와 내비게이션 역할을 통해 강화된다. 그다음에는 이처럼 강력한 구조에 비디오 같은 추가 미디어로 보강할 수 있다.

단지 구조 하나뿐 아니라 본문 텍스트, 헤딩, 미디어 요소의 무한한 설정은 강력하고 인클루시브한 CSS 플로 시스템을 지원한다. 이것은 편집자가 비주얼 디자인이 망가질 것을 염려하지 않고 자유로이 작업할 수 있게 한다.

피해야 할 사항

- 구조와 내비게이션 역할 또는 랜드마크나 헤딩 같은 바이패스 블록[34]의 부재
- 기발하거나 아리송한 헤딩과 링크 또는 불완전한 레이블
- 컨텍스트의 변화를 견디지 못하고 반응형도 아닌 CSS 마진 선언
- 정적 콘텐츠 사이트를 클라이언트 측 자바스크립트로 만들기

---

[34] http://smashed.by/navskip

패턴에 의한 평가

나는 이 책을 쓰기 시작했을 때 대략적인 얼개를 먼저 준비했다. 그 윤곽이란 이 책의 주제나 원칙과 관련된 뼈대다. 즉 키보드 상호작용, 색상, 그 밖의 것 등에 관한 내용은 없애버렸다는 이야기다.

준비한다는 것은 좋은 일이지만 올바른 방법으로 준비하는 것이 더 좋다. 각 장에 살을 붙이는 작업에 착수하자 구조가 완전히 잘못되었다는 점이 명확해졌다. 내가 본능적으로 생각하고 작업하는 방식과 호환되지 않았다는 의미다.

문제는 키보드 접근성과 관련된 내용을 설명하는 부분에서 터치 상호작용, 스크린 리더 호환성, 카피라이팅 등에 관해 언급하지 않을 수 없었다. 무언가를 인클루시브하게 만들기 위해 다른 모든 문제점은 다루지 않고 어느 하나만을 자세히 설명하는 것은 옳지 않다고 느꼈기 때문이다. 결국 그 작업은 미완성으로 남겨두게 되었다.

우리는 인터페이스를 디자인할 때 추상적인 원칙이 아니라 실제로 작동하는 어떤 것을 만든다. 그것을 가리켜 상황에 따라 **모듈**이나 **컴포넌트**라고 부른다. 또는 덜 엄격하게 패턴이라고도 한다. 본질적으로 인터페이스를 구성하는 부품을 의미한다.

우리는 어느 한 원칙만을 따르는 패턴을 만들지 않는다. 즉 키보드 접근성 패턴이나 국제화 패턴 같은 것을 만들지 않는다. 패턴에 모든 좋은 특성이 담기기를 바라며, 물론 어떤 나쁜 특성도 포함되지 않기를 바란다.

개별 패턴(웹사이트나 애플리케이션에서 볼 수 있는 주제와 컴포넌트)을 다루면서 원칙에 의한 포괄이라는 억지스러운 구조를 버렸다. 그러면서 책 쓰기가 쉽게 흘러가기 시작했다. 인클루시브한 콘텐츠와 기능을 구상하고 실현하는 작업인 나의 디자인 프로세스를 문서화하는 일이었기 때문이다.

여러분을 디자이너, 개발자 또는 제작자로 생각하고 설명하기 때문에 그와 같은 방식이 더 명확하고 전달하기 쉬우리라 판단했다.

원칙에 의한 평가의 문제점

원칙에 따라 집필하기 시작했던 이유는 종종 접근성 기술자의 모자를 쓰고 감사를 수행해야 하기 때문이다. 즉 웹사이트나 애플리케이션의 접근성을 평가해서 문제점을 식별하고 이를 '조치'할 수 있는 지침을 제시한다.

나는 감사를 수행할 때 WCAG를 따른다. 나라마다 나름의 접근성 규정이 있겠지만 WCAG는 W3C 표준기구에서 인정하는 사실상의 국제 기준을 제공한다. 대체로 나는 인터페이스 디자인에 대한 개인적인 생각을 감사를 받는 사람들에게 말하지 않는다.

WCAG는 인식성Perceivable, 운용성Operable, 이해성Understandable, 호환성Robust이라는 네 가지 원칙으로 이루어진다. 우리가 어떤 요소, 조합, 관행을 사용할지 알 수 없기 때문에 그런 부분은 추상적으로 남아 있다. 하지만 WCAG는 수동으로 평가하는 전문가와 자동으로 검사하는 도구가 원칙에 따라 보고할 수 있게 이끌었다.

우리는 원칙에 따라 접근성 결함을 보고하는 것을 무척 고집한다. 그렇게 하는 것이 모든 개별 이슈를 포함시킬 수 있다고 스스로 확신할 수 있기 때문이다. 그러나 이렇게 보고된 내용을 쉽게 실행할 수 있다고 개발팀을 설득하지는 않는다. 개발자의 관심사가 통합된 컴포넌트로 이동했을 때 그 많은 이질적이며 애플리케이션 전반에 걸친 대체 텍스트들의 버그 티켓Bug Ticket(개별 결점을 시나리오, 정상 결과, 실제 결과 등으로 정리한 카드 - 옮긴이)이 무슨 소용이 있겠는가?

- ▶ Bad alt text on page 102 `BUG`
- ▶ Missing alt text on page 66 `BUG`
- ▶ Inappropriate alt text on page 94 `BUG`
- ▶ Alt text absent on page 29 `BUG`
- ▶ Alt text fail on page 84 `BUG`

허! 헤드폰을 끼고 네이팜 데스Napalm Death(영국 그라인드코어 밴드)를 들어야 할 때가 되었다.

하지만 이것이 전부가 아니다. 대부분의 경우 하나의 원칙이나 주제에 속한 하나의 이슈는 인과적이든 상호적이든 상관없이 다른 이슈와 관련된다. 잘못된 디자인에서 한 사례를 둘 이상의 이슈로 나누어 보고하는 것은 단지 조치 과정을 복잡하게 만들 뿐 아니라, 개발자가 문제의 실제 원인을 파악하는 데 아무런 도움이 안 된다.

버튼 예제

이 책의 초반에서 이야기한 버튼 예제를 다른 관점에서 살펴보자. 다만 이번에는 어떤 콘텐츠를 업보트upvote(좋아요, 추천, 공감 등과 같은 의미 - 옮긴이)할 수 있는 가상 버튼이라고 가정하자.

이 버튼의 마크업은 다음과 같다.

```
<div class="upvote" data-action="upvote"></div>
```

그리고 버튼의 모습은 다음과 같다.

class와 data-action 속성으로 스타일과 동작을 분리한 것은 잘한 일이다. 그러나 인클루시브 디자인과 관련해서는 버튼의 중대한 결점을 바로잡기가 어렵다.

이번에는 WCAG의 성공 기준에 대입하여 어디에 결점이 있는지 밝혀보자. 첫째, 인식성 원칙에서 보면 이 버튼은 1.1.1 텍스트가 아닌 콘텐츠non-text-content[1] 조항에 어긋난다. 버튼 이미지를 보완하는 대체 텍스트가 없기 때문이다. 둘째, 운용성 원칙에서 보면 2.1.1 키보드keyboard[2] 조항을 위반한다. 왜냐하면 이 버튼은 포커스를 받을 수 없는 `<div>` 요소를 사용하기 때문이다. 설사 `tabindex="0"`을 사용해 포커스를 받을 수 있게 만들었다 해도 Enter 키나 Space 키를 눌렀을 때 클릭 이벤트를 일으킬 수 있는 자바스크립트를 작성해야 한다.

마지막으로 호환성의 원칙에서 보면 4.1.2 이름, 역할, 값name-role-value[3] 조항을 위반한다. 이 버튼이 실제로 버튼이라는 정보를 보조 기술에 알리는 어떤 마크업도 없기 때문이다.

---

1 https://www.w3.org/TR/WCAG21/#non-text-content
2 https://www.w3.org/TR/WCAG21/#keyboard
3 https://www.w3.org/TR/WCAG21/#name-role-value

버튼 개선

이제 접근성 컨설턴트는 모든 결점을 원칙 및 성공 기준과 함께 스프레드시트에 작성했다. 이 스프레드시트는 고객 프로젝트 관리자에게 전달되었으며 관리자는 개발자들에게 줄 버그 티켓을 만들었다.

버그 티켓은 개발자들에게 무작위로 할당되었으며 한 개발자는 "업보트 버튼에 레이블 누락"이라는 레이블의 티켓을 받았다. 그는 자존심 있는 여느 개발자와 마찬가지로 티켓 내용을 확인한 다음 결점을 해결해 종결시키려고 열심히 노력했다. 특별히 접근성 명명 기법에 익숙하지 않았는데도 약간의 조사를 통해 몇 가지 해법에 이르렀다. 텍스트 노드를 추가하는 방법은 제외했는데, 그렇게 하면 이미지 위에 텍스트가 나타나기 때문이다. 최종적으로 그는 `aria-label`을 선택했다.

```
<div class="upvote" data-action="upvote" aria-label="upvote">
</div>
```

또 다른 개발자는 "업보트 버튼에 키보드 접근 불가"라는 티켓을 받았다. 그 티켓에는 `tabindex`를 사용해 `<div>`에 키보드 접근을 할 수 있는 방법과 자바스크립트를 통해 키보드로 클릭 이벤트를 일으킬 수 있는 방법에 관한 접근성 컨설턴트의 제안이 포함되어 있었다. 이제 자바스크립트 코드는 살짝 늘어날 것이며 마크업은 다음처럼 수정되었다.

```
<div class="upvote" data-action="upvote" aria-label="upvote" tabindex="0"></div>
```

한편, 또 다른 개발자는 "업보트 버튼의 역할 부적정"이라는 티켓 내용과 `<div>`에 적용된 사항을 파악했다. 그리하여 그는 'button'이라는 접근성 있는 리치 인터넷 애플리케이션Accessible Rich Internet Application : ARIA 역할을 명시적으로 지정함으로써 마지막을 장식했다.

```
<div class="upvote" data-action="upvote" aria-label="upvote"
tabindex="0" role="button"></div>
```

더 나은 방법

이 부자연스럽고 산만한 인터페이스 평가 방법의 문제점은 버튼에 `<div>`를 사용한 단순하고 나쁜 아이디어를 누구도 지적하고 막을 기회를 갖지 못한다는 것이다. 이처럼 결점이 보고되고 개발자가 작업하는 방식은 항상 이미 있는 것을 추가로 보수하는 결과만을 낳는다. 비대해지고 허약해진 결과 말이다.

반면 패턴에 의한 보고 방식에서는 컨설턴트가 대안적 접근 방식과 기법을 제안할 기회를 갖는다. 이 경우 업보트 버튼 패턴에 깔려 있는 다양한 문제점은 표준 `<button>` 요소의 사용을 권장하도록 이어질 것이다.

```
<button data-action="upvote" aria-label="upvote"></button>
```

다시 디자인된 패턴의 완성도를 높이기 위해 아이콘 표현에 SVG를 사용하라고 제안할 수도 있다. '메뉴 버튼' 장에서 다룰 예정이지만 SVG는 크기 변경이 가능하고 아이콘 폰트와 달리 파일 크기도 작다. 게다가 사용자 폰트 설정에 의해 깨지는 일도 없다.

```
<button data-action="upvote" aria-label="upvote">
   <svg>
      <use xlink:href="#upvote"></use>
   </svg>
</button>
```

모듈과 컴포넌트 작업을 주로 하는 개발자에게 이는 문제 해결을 위한 완벽하고 통합적인 해법이다. 접근성 컨설턴트(보고자)는 그들의 홈그라운드에서 만나 이해할 수 있는 구체적인 방법으로 인터페이스 개선에 도움을 주었을 것이기 때문이다.

그러나 그것이 전부가 아니다. 인클루시브 업보트 버튼이 이전 버튼을 일대일로 교체한 것이므로 컨설턴트는 패턴 라이브러리를 개선시킬 것이기 때문이다. 즉 개발자는 다음에 업보트 버튼이 필요할 때 바로 사용할 수 있는 본보기를 갖게 된다. 이는 현재와 미래의 프로젝트에 모두 적용될 수 있다.

▶ **Upvote button**　ENHANCEMENT

▶ **Login screen**　ENHANCEMENT

▶ **User account widget**　ENHANCEMENT

▶ **Tab system**　ENHANCEMENT

패턴으로 구성된 티켓은 패턴 라이브러리와 쉽게 조화될 수 있다.

조 돌슨Joe Dolson은 "나는 접근성 컨설턴트다. 나를 그만 불러라

I'm an accessibility consultant. Stop hiring me"[4]라는 글에서 망가진 웹사이트와 애플리케이션을 수정하는 일은 컨설턴트와 고객 모두에게 불편한 작업이라고 말한다. 처음부터 인클루시브 디자인 방법을 교육하고 훈련하는 것이 훨씬 더 가치 있고 효과적이다. 패턴에 의한 개선은 디자인 싱킹을 개선 과정에 포함시킴으로써 고객이 현재 제품을 수정하는 데 도움을 주며, 미래의 인클루시브 디자인 의사결정에도 신뢰를 불어넣는다.

이것이 나와 같은 접근성 치료사의 역할을 더 이상 쓸모없게 만드는 효과적인 방법이다. 기꺼이 환영한다.

커스텀 요소와 섀도 DOM

지금이 인클루시브 디자인과 웹 컴포넌트의 이슈에 접근하기 가장 좋은 때인 듯하다. 많은 조직이 자신들의 패턴 구성에 웹 컴포넌트 규약[5]을 채택하기 시작했기 때문에 인클루시브 디자인의 관점에서 무엇이 달라져야 하고 추가되어야 하는지 살펴보도록 하자. 섀도 DOMShadow DOM, 커스텀 요소Custom Element, HTML 요소, HTML 템플릿 중에서 오직 커스텀 요소[6]와 (그보다는 작은) 섀도 DOM[7]만이 잠재적 문제를 제기한다. 이 둘은 사용자의 조작에 따라 인터페이스 동작에 영향을 미친다.

커스텀 요소는 커스텀 스타일과 동작을 자신이 직접 구상한 요

---

4 http://smashed.by/stop-hiring-me
5 https://github.com/w3c/webcomponents
6 https://w3c.github.io/webcomponents/spec/custom/
7 https://w3c.github.io/webcomponents/spec/shadow/

소에 묶을 수 있다는 점에서 재미있다. 예를 들어 토글 버튼을 위해 작성한 코드를 <toggle-button>이라는 요소로 지정해 사용할 수 있다. 알맞은 이름의 깔끔한 기능 패키지로서 말이다.

```
// 커스텀 요소 버전 0 문법
document.registerElement('toggle-button', {
  prototype: toggleButton
});

// 커스텀 요소 버전 1 문법
customElements.define('toggle-button', toggleButton);
```

(**참고**: 커스텀 요소 버전 0과 1의 차이는 숀 앨런Shawn Allen의 "HTML 커스텀 요소의 모든 것All about HTML Custom Elements"[8]을 참고하기 바란다.)

이 새로운 요소는 브라우저가 지원하는 `registerElement`나 `customElements.define`을 통해 정식 요소로 인정되지만 <button> 요소의 표준 동작을 갖지는 않는다. 바꿔 말하면 `HTMLButtonElement`[9] 프로토타입의 인스턴스는 아니라는 말이다. 실은 <div> 같은 `HTMLElement`[10]의 인스턴스일 뿐이다.

지금까지 이 책을 잘 따라왔다면 무슨 의미인지 알 것이다. 이 요소는 포커스 가능하거나 실행 가능하지 않고 스크린 리더가 인식하는 버튼의 역할이 없다. 이 장 초반에서 이야기한 수정된 <div> 버튼일 뿐이다.

그러나 이전 <div> 버튼과 달리 이 커스텀 요소에는 그런 기능을

---

8 https://github.com/shawnbot/custom-elements
9 http://smashed.by/htmlbtn
10 https://developer.mozilla.org/en-US/docs/Web/API/HTMLElement

더욱 깔끔하고 안정적으로 구현할 수 있다. 커스텀 요소 버전 0을 사용해 createdCallback이라는 생명주기 콜백lifecycle callback[11]을 추가할 수 있기 때문이다.

```
toggleButton.createdCallback = function() {
    // 포커스 가능하게 만든다.
    this.setAttribute('tabindex', '0');
    // 접근성 트리에 버튼으로 나타나게 만든다.
    this.setAttribute('role', 'button');
    // 키보드 이벤트를 연결한다.
    this.addEventListener('keydown', function(event) {
        if (event.keyCode === 13 || event.keyCode === 32) {
            var click = new MouseEvent('click', {
                'view': this.ownerDocument.defaultView,
                'bubbles': true,
                'cancelable': true,
            });
            this.dispatchEvent(click);
        }
    });
};
```

시작할 때는 토글 버튼이 눌리지 않은 상태이므로 aria-pressed="false"도 추가해야 한다.

```
this.setAttribute('aria-pressed', 'false');
```

이런 속성과 동작을 요소 정의에 포함시킴으로써 얻는 이점은 개발자에게 깔끔한 인터페이스를 제공한다는 것이다. 즉 개발자는

---

11 http://smashed.by/lifecycle

`<toggle-button>`을 인스턴스화하기만 하면 된다. 이제 남은 것은 `click` 이벤트가 상태를 전환하도록 만드는 일이다. 먼저 `created-Callback`의 내부에 이벤트 리스너를 추가해야 한다.

```
this.addEventListener('click', function() {
   this.toggle();
});
```

그다음에는 실제 `toggle()` 메서드를 만들어야 한다. 다음 코드는 click 이벤트가 일어나거나 스크립트에서 `toggleInstance.toggle()`을 실행하면 상태를 전환시키는 코드다. 물론 `toggleInstance`는 `<toggle-button>`의 인스턴스다.

```
this.toggle = function() {
   var isPressed = this.getAttribute('aria-pressed') ===
 'true';
   this.setAttribute('aria-pressed', String(!isPressed));
};
```

시맨틱과 동작의 측면에서 이제 `<toggle-button>`은 `<button>`의 모든 접근성 조항을 지켰다. 게다가 자신만의 요소 정의를 갖기에 충분한 토글 기능도 갖추었다. 전통적인 `<button>`은 접근성이 내장되어 있는 요소를 사용하는 것과 같았다. 즉 관심사를 분리함으로써 키보드와 스크린 리더를 포괄해야 하는 고민을 할 필요 없이 단순히 배포가 가능했다는 의미다. 내장된 내용을 알기 위해 커스텀 요소 버전 0을 사용한 토글 버튼의 데모를 참고하기 바란다.[12]

---

12 http://codepen.io/heydon/pen/ZOqwqQ

`<button>`을 확장하기 전에 기본 기능을 얻기 위한 더 쉬운 방법은 문자 그대로 `HTMLButtonElement` 프로토타입을 확장하는 것이다. ECMAScript6(ES6 또는 ES2015) 문법과 함께 커스텀 요소 버전 1을 사용해 다음과 같은 코드를 작성하면 된다. 커스텀 요소 버전 1에서 `createdCallback`이 필요하지 않다는 점을 알아두기 바란다.

```
class ToggleButton extends HTMLButtonElement {
   constructor() {
     super();

     this.setAttribute('aria-pressed', 'false');
     this.toggle = () => {
       var isPressed = this.getAttribute('aria-pressed') === 'true';
       this.setAttribute('aria-pressed', String(!isPressed));
     };

     this.addEventListener("click", () => {
       this.toggle();
     });
   }
}

customElements.define('toggle-button', ToggleButton, {
extends: 'button' });
```

보다시피 `HTMLButtonElement`에 업혀감으로써 `tabindex`와 `role` 속성뿐 아니라 바보 같은 `keydown` 이벤트 처리 스크립트도 제외할 수 있다. 이처럼 이미 우리가 사용 가능한 것으로 계획한 일을 초기부터 수행할 수 있다. 더 신뢰할 수 있고 효율적이며 분명하고 쉽게 말이다.

섀도 경계 이슈

대개 인클루시브 웹 컴포넌트를 만드는 것은 평상시처럼 접근성 있고 시맨틱한 HTML을 만든다는 의미다. 단 새로운 API 안에서 말이다. 주목할 만한 두 가지 차이는 섀도 경계Shadow Boundary(DOM과 섀도 DOM 사이의 경계)가 영향을 미치는 ARIA 관계형 속성Relationship Attribute[13]과 양수의 `tabindex` 값에 있다.

스티브 포크너Steve Faulkner는 "DOM과 섀도 DOM 사에에서 작동하지 않는 몇 가지Some stuff that doesn't work between the DOM and Shadow DOM"[14]에서 섀도 경계가 사실상 `aria-labelledby`, `aria-describedby`, `aria-controls` 등과 같은 속성으로 구축한 관계를 사실상 끊어버린다고 했다. 이 관계에서 한 요소는 섀도 경계의 다른 쪽에 있다.

모든 커스텀 요소에는 섀도 DOM이 포함되며 섀도 DOM은 오직 커스텀 요소와 함께 사용해야 한다는 일반적인 오해가 있는데, 절대 그렇지 않다. 커스텀 요소나 섀도 DOM은 독자적인 기술이다. 앞의 토글 버튼 예제는 섀도 DOM을 사용하지 않았는데도 `aria-controls="toggleTarget"`을 통해 `#toggleTarget` ID 요소와 연결할 수 있었다. 섀도 DOM을 사용한다면 불가능할 것이다.

`tabindex`에 관해 말하면 `tabindex="4"`와 같은 양수를 사용하면 부모 문서 안의 포커스 순서가 아닌, 섀도 DOM 안의 포커스 순서에서 네 번째 요소를 참조할 것이다. 이것은 유용성이 있지만 어떤 경우든 `tabindex`로 명시적인 순서를 지정하는 일은 권장하지 않

---

13 https://www.w3.org/TR/wai-aria/#attrs_relationships
14 http://smashed.by/shadowdom

는다. 포커스 순서는 논리적 키보드 조작을 위해 소스 순서를 따라야 한다. 이를 가장 쉽게 이룰 수 있는 방법은 포커스 가능한 요소를 사용하고 필요하면 `tabindex="0"`을 지정하는 것이다. 그래야만 섀도 DOM의 영향을 받지 않으면서 소스 순서에 따른 기본 포커스 순서를 가질 수 있다.

"잘했어! 지금까지 가장 성공적인 앱이야."
"네…… 그렇지만 픽셀이 완벽하지 못해요."

내비게이션 영역

콘텐츠를 다루는 마지막 두 가지 패턴이 있다. 콘텐츠 관리와 작성 방법에 관한 패턴이다. 웹 페이지의 콘텐츠 전부가 흔히 말하는 그런 콘텐츠는 아니다. 예컨대 내비게이션 랜드마크는 방문자가 각 웹 페이지와 콘텐츠의 여기저기를 다닐 수 있게 도와준다. 달리 말하면 내비게이션 랜드마크는 메타meta와도 같다. 즉 콘텐츠를 위한 콘텐츠라는 말이다.

내비게이션 영역navigation region은 역사가 긴 도구로서 인클루시브 페이지 디자인에서 신뢰할 수 있는 하나의 관례가 되었다. 사실 역사상 최초의 웹 페이지[1]에서도 HTML 정의 목록definition list(`<dl>`) 안에 일련의 링크를 포함하는 가장 기초적인 내비게이션 영역이 사용되었다. 이제 사이트 전반에 적용할 수 있는 내비게이션 패턴과 페이지에 특정 차례 스키마를 위한 디자인을 살펴보자. 이는 구조화된 마크업, 명확한 레이블, 강력한 CSS에 통합될 것이다. 또한 현재 페이지를 인클루시브하게 가리키는 방법, 즉 모든 방문자가 자신의 현재 위치를 알 수 있게 하는 방법도 알아볼 것이다.

내비게이션 랜드마크

서로 분리된 웹 페이지의 개별 구역은 영역region, 블록block, 모듈module 등으로 다양하게 불리며 페이지 안의 경계를 정하는 시각적인 박스를 나타낸다. WAI(웹 접근성 이니셔티브Web Accessibility Initia-

---

[1] http://info.cern.ch/hypertext/WWW/TheProject.html

tive)-ARIA 명세에서는 `role="main"` 등과 같은 랜드마크 역할land-mark role[2]을 제시하는데, 이는 보조 기술에서 접근할 수 있는 공통 영역을 만들기 위한 시맨틱과 동작을 정의한다.

`<main>` 요소와 `role="main"`이라는 WAI-ARIA 역할은 서로 매핑되어 똑같은 시맨틱과 동작을 제공한다. 둘 중 어떤 것을 사용해도 되지만 다음 예제에서 보듯이 `<main>`이 더 간결하다.

```
<div role="main" id="main">
   &hellip;
</div>

<!-- 또는... -->

<main id="main">
   &hellip;
</main>
```

인클루시브 디자인을 위해 내비게이션 영역은 내비게이션 랜드마크가 되어야 한다. `<nav>` 요소나 `role="navigation"`이라는 ARIA 역할로 나타낼 수 있는 내비게이션 랜드마크는 다음 두 가지가 메인 랜드마크와는 다르다.

- 한 페이지에 내비게이션 랜드마크가 하나 이상 있을 수 있다.
- 사이트 공통 내비게이션과 같이 여러 페이지에서 보이는 내비게이션 랜드마크의 콘텐츠는 어느 페이지에서든 일관성이 있어야 한다.

---

2 http://smashed.by/landmark-roles

전역 내비게이션

먼저 가장 일반적인 유형의 내비게이션 랜드마크를 다루면서 이를 통해 모든 내비게이션 랜드마크에 공통으로 적용할 수 있는 기능을 만들어보자.

접근성 있는 UX, 점진적 향상, 하위 호환성을 위해 랜드마크 영역에는 순서 없는 링크 목록이 포함되어야 한다. 사이트 내비게이션의 경우 그 링크들은 사이트 내 각 페이지와 관련될 것이다.

```
<nav>
  <ul>
    <li><a href="/">home</a></li>
    <li><a href="/about">about</a></li>
    <li><a href="/products">products</a></li>
    <li><a href="/contact">contact us</a></li>
    <li><a href="/login">login</a></li>
  </ul>
</nav>
```

순서 없는 목록을 사용하면 HTML4와 XHTML에서 가능한 기초적인 내비게이션 스키마를 재현할 수 있으며 공인된 관례를 따를 수 있다. 즉 목록은 링크를 그룹화하며 일반적이고 공통적인 목적을 이해하기 쉽게 보여준다. 그뿐 아니라 CSS가 작동하지 않을 때는 밑줄이 그어진 파란색 텍스트로 이루어진 친숙한 강조 기호 목록bullted list을 보여줌으로써 내비게이션 목적의 콘텐츠라는 점을

- home
- about
- products
- contact us
- login

CSS가 작동하지 않는 경우라도 내비게이션 블록임을 인지할 수 있다.

시각적으로 알려준다.

따라서 단지 목록을 사용하는 것만으로도 고령자와 오래된 디바이스, 보조 기술 사용자, CSS가 작동하지 않는 환경의 사용자에게 인클루시브하게 된다.

목록을 감싸는 랜드마크는 추가적인 시맨틱과 동작을 제공한다. 스크린 리더가 실행된 상태라면 랜드마크에 진입해 첫 번째 링크에 포커스를 줄 때 유용한 정보를 꽤 들을 수 있다. 스크린 리더는 먼저 "Navigation landmark", 그다음에는 "List, one of five", 마지막으로 "Link, home"이라고 읽어줄 것이다. 따라서 스크린 리더 사용자는 자신이 현재 내비게이션 랜드마크에 들어왔고, 이 랜드마크에는 링크 다섯 개가 있으며, 원한다면 즉시 첫 번째 링크를 따라갈 수 있다는 사실을 알게 된다.

이것이 전부가 아니다. 랜드마크 `<nav>`(또는 `role="navigation"`)는 `<main>`과 더불어 영역별 페이지 탐색(NVDA 스크린 리더라면 D를 사용하는 경우)에서 인식된다. 또한 NVDA, JAWS, 보이스오버는 모두 랜드마크를 메뉴 항목의 하나로 보여줌으로써 사용자가 직접 접근할 수 있게 해준다.

- Banner
- Navigation
- Main
- Footer

그렇다. 메뉴 항목으로 보여주는 내비게이션 메뉴 역시 메타다. 그런데도 이런 방식으로 스크린 리더가 페이지의 각 영역을 자동으로 찾아볼 수 있게 된 것은 좋은 일이다. 식별할 수 있는 영역을 만날 것이라는 희망만으로 콘텐츠를 헤쳐나갈 여유가 있는 사용자는 거의 없기 때문이다.

모양과 위치

인간의 뇌는 감각 자료를 이해하기 위해 스키마타schemata[3]라는 패턴을 이용한다. 스키마타는 현재 경험의 해석을 위해 과거 경험이 구조화된 것으로 여겨진다.

스키마타는 프로그래밍 용어로서 이해(또는 해석)를 위한 일종의 캐시cache다. 따라서 익숙한 경험일수록 적은 노력으로 대상을 이해할 수 있다.

마찬가지 이유로 완전히 새로운 경험을 하게 되는 경우에는 캐시에 아무것도 없으므로 감각 자료 전체를 해석해야 한다.

디자인에서 대상을 예상되는 어떤 방식으로 작동하게 만들면 사용자는 자신의 인지 캐시를 최대로 활용할 수 있게 된다. 바꾸어 말하면 사용자가 생각하게 만들면 안 된다는 것이다.[4] 이는 유명한 사용성 원칙 중 하나지만 수정해야 할 필요가 있는 말이다. 특히 인클루시브 디자인 관점에서는 극단적인 인지장애를 겪는 사용자도 고려해야 하기 때문이다.

전역 내비게이션 랜드마크는 모름지기 큰 링크가 서로 인접한 익숙한 형태를 생각할 것이다. 또한 각 페이지의 헤더, 즉 주된 콘텐츠나 다른 모든 것보다 위에 위치할 것이다.

---

3 https://en.wikipedia.org/wiki/Schema_(psychology)
4 http://smashed.by/dontmakemethink

검은 배경에 흰 필기체로 된 내비게이션 바를 제안하는 것이 아니다. 친숙한 위치와 모양을 보여주기 위해서다.

CSS 포지셔닝

전역 내비게이션을 페이지 상단에 두는 목적은 인지 용이성뿐 아니라 상호작용을 위해서다. 이미 알고 있듯이 키보드 사용자는 한 번에 하나의 상호작용 가능한 요소에 순서대로 접근하면서 페이지를 탐색한다. 내비게이션이 상단에 있다는 것은 다른 페이지로 이동하기 위해 현재 페이지 전체를 통과해야 할 필요가 없다는 의미다.

실제로 소스 순서가 읽는 순서와 일치한다면 이는 저절로 처리되는 이슈다. 그러나 안타깝게도 우리에게는 어떤 것에 과잉 기술을 적용하거나 지나친 복잡성을 부여하는 버릇이 있다.

2015년 "웹디자인의 미래Future of Web Design" 콘퍼런스에서 나는 레오니 왓슨Léonie Watson[5]이 운영하는 접근성 클리닉에 참가했다. 한 참석자가 레오니 왓슨에게 문제를 들고 왔다. 자신의 프로토타입에

---

5 https://twitter.com/LeonieWatson

있는 전역 내비게이션이 포커스를 받지 못하는 상황이며 이를 해결하지 못하고 있다는 내용이었다. 그러나 그 상황은 당연한 것이었다. 단지 내비게이션 소스가 전체 소스의 아래쪽에 있었기 때문이다. 따라서 Tab 키를 30번에서 40번은 눌러야 내비게이션에 이르렀고 포커스를 받을 수 있었다.

```
<nav>
        <!-- 상호작용 가능한 마지막 요소 -->
</nav>
</body>
```

`absolute`나 `fixed` 같은 CSS 포지션 속성값을 사용하면 요소를 소스 순서와 관계없이 뷰포트의 어느 곳에든 시각적으로 둘 수 있다. 그렇게 되면 키보드 사용자에 반하는 사용자 경험을 만들 뿐 아니라 그 요소는 문서의 나머지 부분과 함께 리플로reflow(요소의 레이아웃이나 포지션의 재계산)될 수 없다. 이는 뷰포트나 콘텐츠의 크기가 조정될 때 발생될 레이아웃 이슈에 책임이 있다. 즉 요소가 다른 요소 뒤에 미끄러져 들어가거나 뷰포트 바깥으로 나가버릴 수 있으며 아예 희미해질 수도 있기 때문이다.

일반적으로 아주 보기 드문 상황이 아니라면 포지셔닝을 하지 말아야 한다. 모달Modal 창을 만들기 위해 포지셔닝해야 한다면 매우 주의를 기울여야 하며 뷰포트 크기와 확대 설정 등 모든 범위에 대해 테스트해야 한다.

현재 위치

어디로 갈 것인지를 아는 것의 반은 지금 어디인지 아는 것이다. 백

화점이나 쇼핑몰이 층별 안내도에 '현재 위치You are here'를 표시하는 이유다.

사용자 친화적인 내비게이션 스키마에서도 현재 페이지, 즉 사용자가 보고 있는 페이지를 강조함으로써 그와 같은 효과를 낼 수 있다. <nav> 영역에서 현재 페이지를 식별하도록 하면 사이트의 이용성이 더욱 높아진다. 올바른 방법으로 한다면 그 이용성은 서로 다른 유형의 설정과 사용자를 위한 인클루시브함을 더해줄 것이다.

색상으로만 구분되게 하지 마라

색상을 정보 전달, 행동 지시, 반응 유발, 시각적 요소 식별을 위한 유일한 시각적 수단으로 사용하면 안 된다."

— WCAG2.1 1.4.1 색의 사용[6]

보통 현재 페이지에 해당하는 링크는 색상으로 구별하는데, 이는 어떤 유형의 색맹 사용자는 링크를 구별하지 못할 수도 있다는 의미다. 따라서 추가로 꾸며주는 일이 필요하므로 밑줄 같은 또 다른 수단을 함께 사용하는 것이 가장 좋다.

```
a.current-page {
   display: inline-block;
   padding: 0.5rem;
   text-decoration: underline;
   background: $highlight-color;
}
```

---

6 https://www.w3.org/TR/WCAG21/#use-of-color

밑줄이 그어진 활성화된 'about' 링크

    앞서 설명했듯이 색상에 의한 구분은 색맹인 사용자에게는 음영에 의한 희미한 구분으로 보일 수 있다. 색맹 사용자에게 웹 페이지가 어떻게 보이는지 확인하려면 맥OS의 경우 '시스템 환경설정 → 손쉬운 사용 → 디스플레이'에서 '흑백음영 사용'을 체크하면 된다.
    좀더 야심 찬 해법으로 가상콘텐츠를 제공하면서 약간의 크기 조정과 작은 화살표를 이용하는 방법이 있다.

```
a.current-page {
  display: inline-block;
  padding: 0.5rem;
  background: $highlight-color;
  transform: scale(1.2);
}

a.current-page::after {
  content: '';
  position: absolute;
  left: 0;
  right: 0;
  bottom: -0.25em;
  height: 0.25rem;
  background: url('images/pointer.svg') center no-repeat;
  background-size: auto 100%;
}
```

흰 테두리 박스 안에서 활성화된 'about'

링크 텍스트가 흐릿해지지 않고 가독성을 유지할 수만 있다면 어떤 방법을 써도 좋다. 색상이 식별을 위한 유일한 수단은 아니다.

스크린 리더와 키보드 지원

시각적이지 않은 방법으로 현재 페이지를 식별하는 표준적인 방법은 없다. 따라서 일종의 예비 수단을 사용해야 할 것이다. 나는 "접근성 있는 현재 페이지 링크의 난제The Accessible Current Page Link Conundrum"[7]에서 댓글을 통해 몇 가지 가능성과 생산적인 토론을 발견했다. 그중 괜찮은 아이디어를 소개하겠다.

먼저 해야 할 일은 링크에 포커스가 갔을 때 스크린 리더가 읽을 수 있는 어떤 텍스트를 제공하는 것이다. 중요한 것은 그 텍스트로 기존의 링크 텍스트를 대체하지 않고 대신 앞이나 뒤에 붙여야 한다는 점이다. 한 가지 방법은 시각적으로는 보이지 않게 하고 스크린 리더가 읽을 수 있는 `<span>` 안에 'Crrent page' 같은 텍스트를 넣는 것이다.

```
<nav>
  <ul>
```

---

[7] http://smashed.by/conundrum

```
      <li><a href="/">home</a></li>
      <li><a href="/about"><span class="visually-
hidden">Current page</span> about</a></li>
      <li><a href="/products">products</a></li>
      <li><a href="/contact">contact us</a></li>
      <li><a href="/login">login</a></li>
   </ul>
</nav>
```

(참고 : `visually-hidden` 클래스에 대한 CSS는 이미 '블로그 포스트' 장에서 만들었다.)

'현재 페이지Current page' '지금 페이지This page' '현재 위치You are here' 등 어떤 표현을 써도 좋지만 반드시 간결해야 한다. 이 예제에서는 링크 텍스트의 앞에 넣어서 스크린 리더가 'About current page'가 아닌 'Current page about'으로 읽게 만들었다. 전자의 경우 현재 페이지에 대해 설명하는 페이지 링크로 오해할 수 있기 때문이다.

다른 방법도 있다. 이 역시 모호함을 완화하는 방법으로 대용 요소와 `aria-describedby`[8]를 사용하는 것이다. `aria-describedby` 속성은 일시 정지 후에 설명을 덧붙인다. 다음 예제에서 현재 링크(about 페이지)가 포커스를 받으면 'About(일시 정지) Current page'라고 낭독된다.

```
<nav>
   <ul>
      <li><a href="/">home</a></li>
      <li><a href="/about" aria-describedby="current">about
```

---

[8] https://www.w3.org/TR/wai-aria/#aria-describedby

```
</a></li>
    <li><a href="/products">products</a></li>
    <li><a href="/contact">contact us</a></li>
    <li><a href="/login">login</a></li>
  </ul>
  <div hidden id="current">Current page</div>
</nav>
```

이와 관련된 몇 가지 사항을 알아보자.

- `aria-describedby`는 관계형 속성relationship attribute의 하나로 `id`를 통해 서술될 요소와 서술 요소를 연결한다. 서술 내용은 서술 요소의 텍스트 노드다.
- HTML5 `hidden` 속성은 서술 요소를 시각적으로 숨기며 스크린 리더에서도 숨긴다. 마치 `display: none;`처럼 작동하지만 문법적으로는 더 깔끔하다. 히든 요소라 하더라도 링크에 연결되어 있으므로 여전히 링크는 'Current page'에 접근할 수 있으며 포커스를 받으면 스크린 리더가 낭독할 것이다. 참고로 `hidden`을 지원하지 않는 브라우저에 대처하려면 스타일시트에 `[hidden] { display: none; }`을 추가하면 된다.
- `aria-describedby="current"` 속성을 다른 페이지의 요소로 옮기는 것은 쉬운 일이며, 또한 `[aria-describedby="current"]` 같은 식의 스타일 후크로 사용할 수도 있다.

중복 링크를 건너뛰기 링크로

아직 마무리하지 못한 부분이 있다. about 페이지에서 현재 페이지 링크는 똑같은 about 페이지를 가리킨다. 이는 이 링크를 클릭하면 현재 페이지가 새로고침되어 키보드 사용자의 포커스가 문서 자체, 즉 가장 상위를 가리키게 된다는 의미다. 또한 스크린 리더 사용자는 문서 제목과 갖가지 메타 정보 등 문서 수준의 정보를 처음부터 다시 듣게 된다.

자체 링크가 중복되는 문제를 해결하기 위해 어떤 디자이너는 링크를 통째로 삭제하기도 한다. 그렇게 하면 about 페이지의 내비게이션 소스는 다음과 같이 된다.

```
<nav>
  <ul>
    <li><a href="/">home</a></li>
    <li><a href="/products">products</a></li>
    <li><a href="/contact">contact us</a></li>
    <li><a href="/login">login</a></li>
  </ul>
</nav>
```

이는 만족스럽지 못한 길 찾기 경험을 선사한다. 현재 페이지 링크는 상황 파악을 위한 것이다. 즉 '현재 위치'라는 표시다. 따라서 그 표시를 없애면 사용자에게 황당한 숨은그림찾기 게임을 강요하는 꼴이다.

이를 해결하기 위해 링크의 `href`를 없애거나 `<a>`를 상호작용하지 않은 `<span>` 요소로 대체하는 방법을 들은 적 있다. 이는 비시각 장애인에게는 유효한 서비스다. 그러나 스크린 리더 사용자는 종종 Tab 키로 링크 사이를 이동하면서 내비게이션 랜드마크를 탐색한다. 따라서 현재 페이지를 나타내는 부분이 포커스를 받지 못한다면 그 부분은 원래 없던 것으로 인식될 수 있다.

내가 선호하는 방법은 현재 페이지 링크가 페이지의 메인 영역을 가리키게 하는 방법이다. 이렇게 하면 페이지를 새로고침할 일 없이 마치 건너뛰기 링크처럼 내비게이션 랜드마크를 지나쳐 콘텐츠로 즉시 이동할 수 있다.

```
<nav>
  <ul>
    <li><a href="/">home</a></li>
    <li><a href="#main">about</a></li>
    <li><a href="/products">products</a></li>
    <li><a href="/contact">contact us</a></li>
    <li><a href="/login">login</a></li>
  </ul>
</nav>
```

`[href="#main"]` 속성 선택자로 쉽게 스타일을 적용할 수 있을 뿐 아니라 그 작동이 보조 기술과도 소통된다. 스크린 리더는 home 링크에 포커스를 맞추면 "Home, link"라고 읽고 그다음 about 링크로 포커스가 옮겨가면 "About, same page link"라고 읽을 것이다. 'same page'는 이미 내장되어 있는 말이기 때문에 'Current page'라는 말은 쓸모가 없다. 단지 `href` 값을 바꾼 것만으로도 의미와 동작을 모두 구현한 것이다.

이는 이 해법을 제안한 다니엘 예란손Daniel Göransson[9]의 공이다. 때로는 댓글에서도 놀랍도록 생산적인 토론이 벌어지기도 한다!

싱글 페이지 애플리케이션이라면 이 기술을 사용할 때 조심해야 한다. 완전히 새로운 페이지를 로딩하는 것처럼 작동시킬 때 'same page link'라는 말은 선의의 거짓말이 되며, 사용자 경험을 혼란스럽

---

9 https://twitter.com/danielgoransson

게 만들 수 있기 때문이다. 따라서 싱글 페이지 애플리케이션에서는 `aria-describedby`를 사용하는 전략이 더 알맞다.

중복 제거

보통은 회사나 프로젝트 로고가 들어간 배너banner 랜드마크에 내비게이션 랜드마크를 배치하는 것이 일반적인 방법이다. 다음은 이를 생각해본 예제다. `<header>` 요소에 `banner`가 나타나 있는 ARIA 역할에 주목하자. 이는 한 페이지에 여러 `<header>` 요소를 사용할 경우 오직 하나만 유일한 배너 랜드마크가 되어야 하기 때문이다. 일부 브라우저는 어떤 `<header>`가 배너인지 알 만큼 영리하지만 그렇지 않은 브라우저를 위해 이 방법을 사용하는 것이 좋다.

```
<header role="banner">
  <a href="/home">
      <img src="images/logo.svg" alt="My Project home">
  </a>
  <nav>
    <ul>
       <li><a href="#main">home</a></li>
       <li><a href="/about">about</a></li>
       <li><a href="/products">products</a></li>
     <li><a href="/contact">contact us</a></li>
       <li><a href="/login">login</a></li>
    </ul>
  </nav>
</header>
```

사용성 관례에 따르면 로고 이미지는 홈페이지에 대한 링크 기능도 있다. 따라서 로고 역시 내비게이션 랜드마크의 첫 번째 링크 역할을 해야 한다. 그러나 이는 불필요한 중복과 잠재적 혼란을 일으킬 뿐 아니라 똑같은 기능의 모양이 다른 두 가지를 보여줌으로써 사용성에서 대역죄가 되는 일이다.

해법은 내비게이션 랜드마크에서 home 링크를 빼는 것이다. 그러나 내비게이션 랜드마크는 그 자체로 완전해야 한다. 사용자가 직접 단축키로 접근할 수 있기 때문이다. 대신 home 링크를 아예 로고로 바꾸는 방법이 있다. 동시에 필요하지 않은 `role="banner"`를 제거해 콘텐츠를 줄일 수 있다.

```html
<nav>
   <ul>
      <li>
         <a href="#main">
            <img src="images/logo.svg" alt="My Project home">
         </a>
      </li>
      <li><a href="/about">about</a></li>
      <li><a href="/products">products</a></li>
      <li><a href="/contact">contact us</a></li>
      <li><a href="/login">login</a></li>
   </ul>
</nav>
```

(참고 : 여기서는 사용자가 홈페이지 첫 화면을 보고 있다고 가정하고 이전과 같은 링크 기법을 사용했다.)

이미지 링크는 대체 텍스트(alt 값)를 통해 이미지 자체의 설명이 아니라 링크의 목적을 설명해야 한다. 즉 'My Project logo'와 같은 설명은 적절하지 않다. 'My Project home'이나 'Home' 정도가 알맞다. 검증된 홈페이지 링크를 사용해 내비게이션을 이해하기 쉽게 만들었으며 탭으로 인한 중단을 없앴고 스크린 리더의 수다를 줄일 수 있었다. 스크린 리더 사용자가 필요로 하는 모든 정보를 얻는 일은 중요하다. 그러나 중복된 정보는 무시하고 지나치기 힘든 소음과도 같다.

반응형 디자인의 관점에서는 `:first-child`를 사용해 로고를 대상으로 삼을 수 있다. 예를 들어 뷰포트가 작은 경우 로고를 단독으로 한 행을 차지하게 하고 싶다면 다음과 같이 할 수 있다.

```
@media (max-width: 20em) {
  nav li:first-child {
    display: block;
    text-align: center;
  }
}
```

차례

 위쪽에 링크를 모아놓은 페이지가 좋아. 절이 많은 긴 페이지를 볼 때 정말 편리하거든. 그 페이지가 어떤 것들을 다루는지 쉽게 파악할 수 있으니까."

— 《모두를 위한 웹》의 등장인물 리의 대사[10]

위키피디아와 같이 대개 길고 자세한 내용의 아티클을 다루는 사이트는 오래전부터 차례 형식을 써왔다. 차례를 사용하면 두 가지 이점이 있기 때문이다.

---

10 http://rosenfeldmedia.com/books/a-web-for-everyone/

- 긴 형식의 콘텐츠를 요약할 수 있다.
- 특정 절로 이동할 수 있는 내비게이션을 제공한다.

내가 차례를 좋아하는 가장 큰 이유가 있다. 차례는 클릭하면 열리는 드롭다운drop-down, 커서를 대면 열리는 풀다운pull-down 또는 팝업 같은 메뉴로 만들어져 있지 않기 때문이다. 심지어 그런 방식에는 모두가 동의하는 일관된 명칭조차 없다. 드롭다운 하위 메뉴drop-down submenu(라고 부르자) 역시 관련 콘텐츠에 대한 링크의 그룹화 문제를 해결하려는 방법이지만 동시에 여러 문제가 있다.

첫째, 드롭다운 하위 메뉴는 상호작용이 활성화된 불안정한 메뉴에서 내비게이션 콘텐츠를 가려버린다. 둘째, 정보 설계자가 관련 절의 그룹화와 명확한 계층화 작업 없이 다수의 독립된 콘텐츠 페이지를 만들어내게 할 수 있다. 기술적으로는 드롭다운 하위 메뉴도 접근성을 가질 수 있지만 어느 하나의 품질도 떨어뜨리지 않고 마우스, 키보드, 터치 상호작용을 동시에 지원하는 일은 쉽지 않다. 드롭다운이 드러내는 하위 메뉴는 절대적인 위치를 가져야 하며, 이는 서로 다른 뷰포트에 걸쳐 레이아웃 이슈를 만들어낸다. 또한 자바스크립트나 CSS 또는 둘 다 사용할 수 없는 단계별 성능 저하graceful degradation의 상황에서는 더욱 다루기 힘들어진다.

때로는 무언가를 단지 인클루시브하게만 만들기보다는 근본적인 문제에 대해 고민하고 더 강력하지만 더 단순한 완전히 다른 해법을 생각해내는 편이 나을 수 있다. 차례는 드롭다운 하위 메뉴에 대한 방어책이다. 따라서 이 책에서 드롭다운 하위 메뉴 자체의 패턴은 다루지 않는다. 자세한 사항은 닐슨노먼그룹Nielsen Norman Group

의 "드롭다운 디자인 지침Dropdowns : Design Guidelines"[11]을 참고하기 바란다.

기본 구조

위키피디아는 보조 기술에서 차례를 찾을 수 있게 `<h2>` 'Contents'를 제공한다. 각 절에 링크된 차례는 사실상의 내비게이션 랜드마크다. 따라서 상위 요소에 `role="navigation"`을 부여해 위키피디아보다 더 보기 좋게 만들 수 있다. 각 링크는 페이지 안의 해당 절에 대응하는 프래그먼트 식별자fragment identifier[12]를 가리킨다.

웹 페이지의 차례는 위키피디아 방식, 즉 한 박스에 기본 강조 기호 목록으로 링크를 나열하는 방식을 많이 따른다.

```
<div class="toc" role="navigation">
   <h2>Contents</h2>
   <ul>
      <li><a href="#history">Our history</a></li>
      <li><a href="#services">What we do</a></li>
      <li><a href="#endorsements">News</a></li>
```

---

11 http://smashed.by/drop-down
12 https://en.wikipedia.org/wiki/Fragment_identifier

```
    <li><a href="#endorsements">Endorsements</a></li>
  </ul>
</div>
```

순차 포커스 내비게이션

차례 내 링크는 #services처럼 페이지 안의 대상을 나타내는 요소 id, 즉 프래그먼트 식별자를 갖는다. 또한 해시 부호와 id를 포함해 문서 URL을 갱신한다.

```
<h2 id="services">Services</h2>
```

보통 이런 대상(<section>이나 헤딩)은 포커스 가능 요소가 아니다. 그런데 브라우저는 순차 포커스 내비게이션sequential focus navigation을 택한다. 순차 포커스 내비게이션에서는 대상 내부 또는 다음에 있는 첫 번째 포커스 가능 요소가 다음 순서의 포커스 가능 요소가 된다. 결과적으로 키보드 사용자는 차례의 링크를 따라갈 수 있으며 키보드 기능이 절에 국한된다는 점을 인지한 채 안전하게 해당 절로 이동할 수 있다.

지원 최대화

크롬에는 순차 포커스 내비게이션이 제대로 작동하지 않는 버그가 있었지만 마침내 그 버그는 해결되었다.[13] 인터넷 익스플로러에서

---

13 http://smashed.by/focus-target

순차 포커스 내비게이션이 잘 작동되게 하려면 악명 높은 'hasLayout 버그'를 극복해야 한다. 이는 다행히 대상 요소에 `tabindex="-1"`을 추가함으로써 쉽게 해결할 수 있다.

```
<h2 id="services" tabindex="-1">Services</h2>
```

링크재킹(링크 하이재킹)

현재 페이지 안의 대상을 가리키는 링크를 인페이지 링크in-page link 라고 한다. 자바스크립트로 인페이지 링크를 향상시킬 수 있는데 대상이 뷰에 나타날 때까지 부드럽게 스크롤되는 효과가 그중 하나다. 그렇게 하려면 대상으로 즉시 이동하는 표준 브라우저 작동을 억제시켜야 한다. 링크 작동은 스크롤 작동으로 대체할 수 있으며, 이때 순차 포커스 내비게이션은 작동하지 않는다. 따라서 키보드 사용자는 오도 가도 못하게 된다.

표준 동작을 하이재킹hijacking한다면 하이재커hijacker가 그 기능을 대신 구현해야 한다. 다시 말하면 자바스크립트를 고치기 위해 자바스크립트를 사용해야 하는 상황이다. 키보드에 인클루시브한 자바스크립트 인터페이스를 만들 때 흔히 그렇듯이 반드시 키보드 사용자가 원하는 위치로 이동하도록 포커스 관리가 확실히 되어야 한다. 전형적인 구현 방법은 제이쿼리를 사용해 `scrollTop`에 애니메이션을 적용하는 것이다. 다행히 제이쿼리의 `animate` 메서드는 콜백을 제공한다. 즉 애니메이션이 완료된 다음 대상 요소에 포커스가 적용될 수 있음을 의미한다.

```javascript
function isSameResource(urlOne, urlTwo) {
  var fragmentPattern = /#._$/;
  var resourceOne = urlOne.replace(fragmentPattern, '');
  var resourceTwo = urlTwo.replace(fragmentPattern, '');
  return resourceOne === resourceTwo;
}

function getFragmentTarget(id) {
  if (id.slice(0, 1) === '#') {
    id = id.slice(1);
  }

  // <div id="{id}"> 또는 <a name="{id}">인 요소를 찾는다.
  return document.getElementById(id)
    || document.querySelector('a[name="' + id + '"]');
}

// 현재 페이지의 모든 프래그먼트 링크의 활성화를 다룬다.
$(document.body).on('click', 'a[href*="#"]:not([href="#"])',
function(event) {
  if (event.isDefaultPrevented()) {
  // 이미 다른 이벤트 핸들러가 이 이벤트를 처리할 수도 있다.
    return;
  }

  if (!isSameResource(location.href, this.href)) {
    return;
  }
  var target = getFragmentTarget(this.hash);
  if (!target) {
    return;
  }

  // 프래그먼트로 곧바로 점프하는 일을 방지한다.
```

```
    // 그 대신 스크롤되면서 이동하게 만들 것이다.
    event.preventDefault();
    // 대상 요소로 1초 동안 부드럽게 스크롤되게 한다.
    // 일부 브라우저에서 지원하지 않을 수도 있는
    // Element.scrollIntoView()는 사용하지 않는다.
    $('html, body').animate(
        { scrollTop: $(target).offset().top }, 1000, function() {
        // 이제 뷰에서 대상이 보이도록 스크롤되므로
        // 브라우저가 원래의 일을 하게 하고 URL을 갱신한다.
            window.location.hash = target.id || target.name;
        }
    );
});
```

`window.location.hash`로 시작하는 라인에 주목하자. 포커스를 받은 뒤 해시 프래그먼트로 URL을 갱신하고 있다. 이렇게 해서 브라우저의 표준 작동이 회복되고 사용자는 하위 절을 북마크하거나 공유할 수 있게 된다. 이처럼 문서의 하위 절 위치를 기록하거나 조회할 수 있는 기능은 웹 경험에서 필수 불가결한 부분이므로 이 기능이 없다면 일부 사용자를 잃게 된다.

내비게이션 랜드마크의 레이블

이제 전역 내비게이션 랜드마크를 구성해보자. 앞에서는 페이지 두 번째 영역으로 인도하는 인페이지 내비게이션 랜드마크를 만들었다. `banner`나 `main`처럼 한 페이지에 하나만 있는 랜드마크도 있지만 가치 있는 콘텐츠라면 복수의 내비게이션 랜드마크를 사용하는 일도 엄연히 타당하다.

그러나 적합하게 기술을 준수하는 일과 좋은 사용자 경험을 보장하는 일 사이에는 큰 차이가 있다. 두 내비게이션 도구가 상호 보완되려면 사용자가 어느 것이 어느 것인지 알아야 한다. 스타일과 위치로 구분하기 때문에 시각적으로 보면 간단한 일이다. 사이트 내비게이션은 `<main>` 콘텐츠와 차례보다 위에 나타나야 한다. 대개는 문서 최상위 `<h1>` 헤딩 바로 밑에 둔다. 마치 마이크로소프트 워드 문서처럼 말이다.

마찬가지로 페이지를 위에서 아래로 탐색할 때 스크린 리더 사용자는 사이트 내비게이션을 먼저 만나게 되는데, 이것은 역할과 정체성의 어떤 표식이다. 앞 예제의 'Contents' `<h2>`와 같은 헤딩은 사용자의 헤딩 단축키 사용을 지원한다.

'블로그 포스트' 장에서 설명했지만 스크린 리더는 헤딩, 링크, 랜드마크를 목록으로 모아 자체적으로 차례를 제공한다. 헤딩과 링크는 그런 식으로 맥락에서 벗어나므로 스스로를 설명하는 자체적인 레이블을 부여해야 한다.

헤딩이나 링크와는 달리 랜드마크는 자체적으로 레이블을 구성할 수 없다. 랜드마크는 단순히 역할로 식별되는 것이기 때문이다.

따라서 두 내비게이션 랜드마크는 다음과 같이 보일 수 있다.

- 내비게이션
- 내비게이션

걱정할 필요는 없다. `aria-labelledby`라는 WAI-ARIA의 전역 관계형 속성이 있기 때문이다. 이를 사용해 헤딩 요소를 통한 보조 레이블을 부여할 수 있다. 다음 예제를 보면 텍스트 노드인 'Contents'는 `aria-labelledby`의 값을 자신의 `id`로 사용해 이 영역의 레이블 역할을 하게 된다.

```html
<nav class="toc" aria-labelledby="contents-heading">
  <h2 id="contents-heading">Contents</h2>
  <ul>
    <li><a href="#history">Our history</a></li>
    <li><a href="#services">The services we offer</a></li>
    <li><a href="#endorsements">Visit our office</a></li>
    <li><a href="#endorsements">Endorsements</a></li>
  </ul>
</nav>
```

스크린 리더의 헤딩 내비게이션 기능 지원과 어휘 명료성을 더하기 위해 헤딩 사용이 권장되지만 의무 사항은 아니다. 헤딩을 사용하지 않는 경우에는 `aria-label` 속성을 사용해 랜드마크에 직접 레이블을 부여할 수 있다.

```html
<nav class="toc" aria-label="contents">
  <ul>
    <li><a href="#history">Our history</a></li>
    <li><a href="#services">The services we offer</a></li>
    <li><a href="#endorsements">Visit our office</a></li>
    <li><a href="#endorsements">Endorsements</a></li>
  </ul>
</nav>
```

어느 경우든 결론은 다음 두 가지다.

1. 스크린 리더 사용자가 내비게이션 랜드마크 안의 링크에 포커스를 주면 낭독할 문맥 정보에 레이블이 추가된다. 예컨대 앞의 예제에서 'Our history' 링크가 포커스를 받으면 "contents naviga-

tion landmark, list, one of four items, our history, link"와 같이 낭독될 것이다.
2. 보이스오버, NVDA, JAWS와 같은 스크린 리더에서 각 내비게이션 랜드마크는 'Contents navigation'과 같이 구분되어 레이블이 부여된다.

정리

이 장에서는 웹 페이지 사이나 웹 페이지 내에서 내비게이션을 할 수 있는 인클루시브한 수단을 만들어보며 HTML 원형 가운데 하나인 리스트를 점진적으로 향상했다. 그 과정에서 다른 패턴에도 이식이 가능한 디자인 조항을 다루었다. 논리적 소스 순서에 대한 내용과 중복 제거의 장점을 포함해서 말이다. 또한 자바스크립트를 통해 스크롤 동작을 향상하는 부분에서는 키보드 사용자에게도 유효하며 동시에 스크립트를 지원하지 않는 환경에서는 단계별 성능 저하가 될 수 있게 했다.

피해야 할 사항

- 관행을 따르지 않는 디자인이나 발견하기 어려운 메뉴 체계
- 현재 페이지나 현재 절을 표시하기 위해 오직 색상에만 의존하는 것
- 포커스 관리를 고려하지 않는 링크재킹
- `<nav>`가 하나 이상일 때 각각의 레이블을 유일하게 만들지 않는 것

"이게 현재 데이터베이스 구조야.
우리 디자이너는 코딩을 할 수 있지만,
우리 코더는 디자인을 할 수 없어."

메뉴 버튼

때로는 콘텐츠를 무대 중앙에 세우기 위해 메뉴를 숨겨야 할 때가 있다. 이전 장에서 내비게이션 영역과 마찬가지로 말이다. 메뉴를 다시 보이게 하는 일은 사용자에게 맡겨야 하는데, 그러려면 버튼을 제공해야 한다. 메뉴 버튼이 간단하면서도 논란의 여지가 없었다면 이와 관련된 패턴은 맨 마지막으로 미루었을 것이다. 그러나 고민해야 할 사안과 과제가 너무 많았다. 메뉴 아이콘의 렌더링 방법은? 메뉴를 이해하기 좋게 만드는 쉬운 방법은? 접근성 있는 레이블을 짓는 방법은? 닫힌 메뉴와 열린 메뉴가 있는 상태에서 상호작용은? 터치 행위에 대한 인간공학적 방법은? 이 모든 것이 고려 대상에 포함되어야 했다.

그럼에도 불구하고 가장 먼저 생각해야 할 사항이 있다. 메뉴 버튼이 필요 없는 상황이라면 만들지 않으면 된다는 점이다. 경험 법칙에 따르면 항목이 네 개 이하인 메뉴는 그냥 그대로 두는 편이 낫다. 즉 사용자가 항상 메뉴 전체를 보게 하라는 말이다. 보통의 경우 데스크톱의 뷰포트 환경에서는 메뉴 항목이 몇 개든 내비게이션 메뉴를 숨겨야 할 아무런 이유도 없다. 어떤 기능을 숨겼다가 그 기능이 필요할 때 사용자가 추가 작업을 하게 만드는 것은 언제나 최후의 수단이어야 한다.

메뉴 항목이 몇 개 없는 상황이라면 메뉴 버튼은 존재하지도 않는 문제일 뿐이다. 루이 에이Louie A는 "햄버거 메뉴를 피해야 하는 이유와 방법Why and How to Avoid Hamburger Menus"[1]에서 버튼을 포기하는 일은 종종 정보 아키텍처의 고민거리가 된다고 지적했다. 그렇

---

1 http://smashed.by/avoid-hamburger

다 하더라도 모든 애플리케이션을 몇 안되는 수의 뷰나 기능을 갖게 축소할 수는 없다. 따라서 메뉴 버튼이 가까이 있어야 할 경우가 많기 때문에 메뉴 버튼에 대해서도 인클루시브한 구현 방법을 정립해야 한다.

모양

아이코노그래피가 시각장애가 없는 사용자의 이해를 증진시킨다는 점은 거의 정설이다. 예를 들어 〈아이콘은 노인과 젊은이 모두에게 의학 정보의 이해를 증진한다Icons Improve Older and Younger Adults Comprehension of Medication Information〉(PDF)[2]라는 논문에서는 약품의 중요한 정보에 아이콘을 사용했을 때 사람들이 복용량과 복용법을 더 빨리 이해했다고 한다. 비문자적 의사소통은 언어의 벽을 뛰어넘기도 한다. 소통의 접점을 국제적으로 만들 수도 있으며 읽고 쓰기를 잘 못하는 사람과도 소통이 가능하게 만든다.

웃는 얼굴은 어떤 언어보다도 더 많은 사람에게 '행복함'을 알린다.

---

2 http://smashed.by/iconimprove

다른 것들에 비해 더 알아보기 쉬운 어떤 아이콘은 기호 체계sign system³에서 위치가 중요하다. 우리는 '내비게이션 영역' 장에서 내비게이션 옵션을 열거하는 목록을 항상 보이게 할 수 있음을 알았다. 리스트 아이콘으로 선정된 것이 바로 세 줄로 된 햄버거 아이콘(≡) 또는 이른바 내비콘navicon이다. 이는 사용자가 목록과 내비게이션의 관계를 알고 있다는 전제하에 의미가 있다.

이것을 염두에 두면 아이콘은 대단히 광범위하게 이해되어야 하며 실제로 목록의 모양을 드러낼 메뉴의 모습에 의존한다. 아이콘의 가로줄처럼 리스트 아이템에 똑같은 모양과 배경색을 적용하면 아이콘은 진정으로 상징성(물리적 근사성)을 갖게 된다. 항상 그렇듯이 인클루시브 디자인은 관례를 따르는 편이다. 따라서 줄을 추가하거나 방향을 바꿈으로써 전통적인 세 줄 기호를 개조하는 일은 피해야 한다.

 창의성은 다른 멍청한 디자이너에게 맡겨라. 여기는 무언가 새로운 것을 만드는 곳이 아니다. 관례가 있다면 따르라."

— 마크 볼턴, "아이콘과 심볼, 기호학적 웹"⁴

모든 사람이 세 줄이 그려진 선만 보고 내비게이션으로 이해하지는 않는다. 제임스 포스터James Foster의 조사는 이를 증명했다. A/B 테스트 결과에 따르면 아이콘 옆에 'MENU'라는 텍스트가 있는 경우가 가장 이해하기 쉬운 형태였다.⁵

또한 사람들은 테두리가 있는, 즉 진짜 버튼처럼 생긴 메뉴 버튼

---

3   https://en.wikipedia.org/wiki/Sign_system
4   http://smashed.by/iconsymbols
5   https://www.goodui.org/evidence/test016

을 더 잘 이해했다. 기본적으로 모든 버튼은 버튼처럼 보여야 한다. 그렇지 않으면 지각된 어포던스perceived affordance[6], 즉 실제 사용 가능한 모양으로 인지시킴으로써 행동을 유도하는 역할을 잃게 된다. 지각된 어포던스는 인클루시브 디자인을 위한 인지적 접근성cognitive accessibility의 초석이다.

아이콘과 텍스트에 테두리선을 그리면 버튼처럼 보인다.

아이콘에 'MENU' 텍스트를 더하면 능숙한 모바일 사용자의 이해도 촉진하면서 초보 사용자도 소외시키지 않을 수 있다. 또한 'MENU'는 드래건 소프트웨어dragon speech recognition software[7]와 같은 제품의 사용자에게 명확한 음성 인식이 되는 용어다.

아이콘 렌더링

아마 아이콘 렌더링과 관련해 선택해야 할 사항이 넘쳐날 것이라 생각했을 텐데 당연하다. 이미지 태그, 배경 이미지, 유니코드 문자, 아이콘에 사용할 폰트 문자, SVG 등등 말이다. 자, 이제 마음껏 골라볼까? 아니다. 그 옵션들이 생각만큼 모두 강력하거나 인클루시브하진 않기 때문이다. 그럼 이제 각 옵션의 장단점을 알아보자.

---

6 https://jnd.org/affordances_and_design/
7 https://www.nuance.com/dragon.html

배경 이미지

배경 이미지는 `background-size` 속성으로 크기를 조정할 수 있기 때문에 반응형 디자인에서 실행 가능성이 많이 향상되었다. 그러나 이 책 초반의 `<button>` 예제에서 살펴보았듯이 사용자가 윈도우의 고대비 모드를 켜면 배경 이미지는 사라진다.[8] 만약 'MENU'라는 텍스트를 추가했다면 배경 색상이 반전되는 고대비 모드에서 텍스트 색상 역시 반전되므로 가독성의 문제는 없을 것이다. 그러나 그런 텍스트가 없는 상황이라면 고대비 모드에서 버튼은 시각적인 존재감이 전혀 없다.

이미지

투명한 바탕에 검은 세 줄의 .png 이미지 아이콘의 경우에도 똑같은 이슈가 발생한다. 배경이 검은색으로 바뀌면 검은 배경에 검은 세 개의 줄이 있는 셈이기 때문이다. 물론 아이콘의 배경을 투명하게 하지 않고 흰색으로 만들 수도 있다. 이 경우 배경이 검은색으로 바뀌면 흰 박스에 검은 세 줄이 그대로 보이겠지만 이는 원래와 살짝 다른 제안이 된다.

검은 배경의 고대비 모드에서 흰색으로 감싼 아이콘은 'MENU' 레이블과는 동떨어진 다른 느낌을 전달한다.

---

8 https://webaim.org/blog/high-contrast/

아이콘 폰트의 문자

다행히 아이콘 폰트는 텍스트이며, 따라서 텍스트처럼 동작한다. 고대비 모드에서는 아이콘 색상뿐 아니라 'MENU' 텍스트의 색상도 반전된다. 또 다른 이점은 아이콘 폰트는 품질 저하 없이 크기 조정이 가능하다. 마치 SVG처럼 말이다.

사용자가 자신의 폰트를 적용해서 웹 페이지를 볼 때 아이콘 폰트가 문제가 된다. 이는 세런 데이비스Seren Davies가 "아이콘 폰트의 무덤Death to Icon Fonts"[9]에서도 설명한다. 인클루시브 디자인에서는 사용자가 자신이 가장 편하게 느끼는 폰트를 선택할 수 있게 하는 일이 중요하다. 특히 난독증이 있는 사용자를 위해서 더욱 그렇다. 따라서 스타일시트를 이런 선호도에 민감하도록 만들어야 한다. 문제는 사용자가 선택한 폰트가 아이콘에 사용되는 문자를 지원하지 않아 그 자리에 이른바 '정의되지 않은 문자Glyph not defined'라는 빈 박스만 있는 경우다.

익숙한 직사각형 박스는 원래 문자가 지원되지 않아 대체 문자로 구성되었음을 나타낸다.

웹 폰트와 마찬가지로 아이콘 폰트 역시 차단될 수 있는 자원이다. 따라서 '전체 기본 박스 효과generic-boxes-all-over-the-place effect(모든 문자가 네모 문자로만 표시되는 현상 - 옮긴이)'라는 결과를 낳을 수 있다. 오페라 미니의 경우 당연히 웹 폰트 로딩을 지원하지 않는다. 이는 대체 시스템 폰트가 정의되어 있으므로 문제될 일이 아니다. 그

9　https://speakerdeck.com/ninjanails/death-to-icon-fonts

러나 아이콘 폰트의 경우 심오한 유니코드를 사용하기 때문에 그와 대등한 일반적인 시스템 폰트가 존재하지 않는다. 이와 관련한 내용은 브루스 로슨Bruce Lawson의 "오페라 미니에서 잘 동작하는 웹사이트 만들기Making websites that work well on Opera Mini"[10]에 자세히 설명되어 있다. 요컨대 오페라 미니의 성공적인 지원 여부는 곧 고성능에 대한 훌륭한 리트머스 테스트다.

필라멘트그룹Filament Group의 재크 레서먼Zach Leatherman에 따르면 때때로 운영체제는 유니코드의 사용자 영역private use area[11]을 자신만의 목적으로 사용한다고 한다.[12] 즉 실제로 메뉴 아이콘 폰트가 로딩되지 않는 경우 엉뚱한 대체 문자가 튀어나올 수도 있다는 의미다. 이는 사용자의 인지 과정에 부정적인 영향을 미칠 것이다.

유니코드

그렇다면 아이콘 폰트를 다운로드하는 대신 표준 유니코드 기호로 아이콘을 표시한다면 어떨까? 성능 측면이나 CSS 폰트 스택 특성을 감안한다면 이것은 개선 방법이 맞다. 게다가 사실은 햄버거 아이콘과 거의 똑같은 유니코드 문자가 있다. 바로 태극기의 4괘 중 '건'에 해당하는 '하늘 괘Trigram for Heaven'(U+2630)다.[13]

두 가지 이슈가 있다. 첫째는 어떤 디바이스는 '하늘 괘'를 포함할 만큼의 충분한 유니코드 확장을 지원하지 않을 수 있다는 점이다. 둘째는 사용자 영역을 사용하는 경우와는 달리 보조 기술에 따

---

10 https://dev.opera.com/articles/making-sites-work-opera-mini/
11 https://en.wikipedia.org/wiki/Private_Use_Areas
12 https://www.filamentgroup.com/lab/bulletproof_icon_fonts.html
13 http://www.fileformat.info/info/unicode/char/2630/index.htm

라 해석된다는 점이다. 따라서 어떤 스크린 리더는 '하늘 괘', 즉 'Trigram for Heaven'을 실제로 읽을 수 있고, 이는 한국어든 영어든 관계없이 스크린 리더 사용자에게 혼란을 줄 것이다.

이를 해결하려면 스크린 리더가 읽지 못하게 하기 위해 렌더링된 CSS 가상콘텐츠의 사용을 막는 `aria-hidden="true"`를 지정하고 그 요소에 아이콘을 배치하면 된다. CSS 가상콘텐츠는 원래 스크린 리더에 의해 낭독되며, 현재는 '읽지 말 것'이라는 별도의 속성이 없으나 관련 표준이 진행 중에 있다(CSS3 Speech 모듈로서 현재도 진행 중이다 - 옮긴이).[14]

```
<button>
   <span aria-hidden="true">≡</span>
   Menu
</button>
```

SVG 스프라이트

SVG 스프라이트SVG sprite는 아이콘 렌더링에서 매우 타당한, 사실상의 표준 해법이다. 구글은 305바이트에 불과한 로고를 구현해서 아주 작은 용량의 웹 자원을 만들 수 있음을 입증했다.[15] 그 로고는 상황에 따라 크기도 바뀌며, 심지어 폰트 색상에 맞추어 자신의 색상도 바뀐다.

SVG 스프라이트는 페이지에 내장될 때 최고의 크로스 브라우징

---

14 https://www.w3.org/TR/css3-speech/#speaking-props-speak
15 http://smashed.by/googlelogo

이 가능하며 이는 매번 HTTP 요청을 하지 않는다는 의미다. 다음은 `<body>` 안에 직접 포함할 수 있는 코드다.

```
<svg style="display: none;">
   <symbol id="navicon" viewBox="0 0 20 20">
      <path d="m0-0v4h20v-4h-20zm0 8v4h20v-4h-20zm0 8v4h20v- 4h-20z"/>
   </symbol>
</svg>
```

여기서 히든 `<svg>`는 참조를 위한 것이며, 아이콘 모양을 만들 경로를 담은 `<symbol>`로 메뉴 아이콘을 정의하고 있다. `<svg>`를 인라인 스타일인 `display: none;`을 사용해 숨긴 점에 주목하기 바란다. 만약 히든 요소로 만들기 위해 `visibility: hidden;`과 같이 CSS를 사용한다면 CSS가 로딩되지 않은 환경의 사용자는 SVG를 보게 될 것이다.

메뉴 버튼에서는 `<symbol>`의 `id`를 참조하는 `<use>` 요소를 사용할 수 있다.

```
<button>
   <svg><use xlink:href="#navicon"></use></svg>
   menu
</button>
```

CSS에서는 'MENU' 텍스트와 어울리게 아이콘을 기본 20×20픽셀 크기(SVG의 `viewBox`에서 지정한 크기)로 변경할 수 있다.

```
button svg {
   width: 1em;
```

```
    height: 1em;
}
```

고대비 모드에 관계없이 아이콘에 버튼 폰트의 색상을 택하고 싶다면 `<path>`의 `fill` 속성에 `currentColor`라는 값을 지정하면 된다. SVG는 확실히 가장 강력한 해법이며 이미 매우 훌륭한 지원을 받고 있다.[16]

```
<svg style="display: none;">
   <symbol id="navicon" viewBox="0 0 20 20">
      <path d="m0-0v4h20v-4h-20zm0 8v4h20v-4h-20zm0 8v4h20v-4h-20z" fill="currentColor" />
   </symbol>
</svg>
```

레이블

모든 상호작용 요소는 보조 기술에서 해석하고 통신할 수 있는 접근 가능 이름이 있어야 한다. 이는 WCAG의 4.1.2 이름, 역할, 값Name, Role, Valu[17] 조항과 관련이 있다.

'MENU'처럼 텍스트 문맥에 기초한 단순한 레이블은 보기도 쉽고 파싱도 쉽다. 앞서 말했듯이 'MENU'를 포함하면 인지적인 측면의 이점이 있다. 미덥지 않은 아이콘 렌더링 기법이 실패했더라도 여전히 `<button>`임을 이해할 수 있다는 점은 말할 나위도 없다.

---

16 https://caniuse.com/#feat=svg
17 http://smashed.by/rsv

그러나 아이콘만 단독으로 제공해야 하는 상황도 있을 수 있다. 그런 경우 스크린 리더가 메뉴 버튼을 식별할 수 있게 하는 것이 다른 무엇보다 중요하다. 여기서 설명하는 기법은 미디어 플레이어의 재생이나 정지 같은 어떤 종류의 제어 아이콘에도 모두 적용할 수 있다. 이 책에서 알려주는 많은 기법은 여러 패턴 사이에서나 새로운 패턴에도 같은 방식으로 적용할 수 있을 것이다.

히든 <span>

이번에는 `<span>`에 CSS 핵을 적용해 'MENU' 텍스트 레이블을 스크린 리더가 인식하게 하면서 시각적으로는 숨기는 방법을 알아보자. 이를 위해 '블로그 포스트' 장에서 만들었던 우리의 믿음직한 `.visibility-hidden` 클래스를 활용할 수 있다.

바로 SVG를 구현한 부분에 다음과 같은 코드를 만들면 된다.

```
<button>
  <svg><use xlink:href="#navicon"></use></svg>
  <span class="visually-hidden">menu</span>
</button>
```

aria-label 속성

아이콘에 레이블을 주기 위한 또 다른 방법은 `aria-label`[18] 속성을 사용하는 것이다. 이 전역 속성은 마치 `alt` 속성처럼 요소에 대체 텍스트를 붙여주는 역할을 한다. 그러나 `alt`와는 달리 `<img>` 태그

---

18 http://smashed.by/aria-label

에만 국한되지 않으므로 `<button>` 요소에 `aria-label`을 직접 적용할 수 있다.

```
<button aria-label="menu">
  <svg><use xlink:href="#navicon"></use></svg>
</button>
```

`aria-label`의 장점 가운데 하나는 요소에 텍스트 노드가 있다면 무시한다는 점이다. 따라서 만약 유니코드 렌더링 방법을 사용했다면 '하늘 괘'를 'MENU'로 대체할 수 있게 된다.

```
<button aria-label="menu">
  &#x2630;
</button>
```

▶와 ×는 각각 '검정 오른쪽 삼각형'과 '곱하기'로 낭독되기 때문에 이 역시 `aria-label`을 사용하면 재생 버튼과 닫기 버튼에 원하는 레이블을 줄 수 있다. 그렇다 하더라도 가급적이면 모든 아이콘의 렌더링에 SVG를 사용하기 바란다.

이와 관련해 데브닷오페라Dev.Opera에 기고한 글[19]이 있으니 참고하기 바란다.

구식 브라우저

SVG에 대한 지원은 매우 광범위하다. 인터넷 익스플로러9부터 엣

---

19 https://dev.opera.com/articles/ux-accessibility-aria-label/

지 Edge12 그리고 사파리5.1부터 6까지는 `xlink:href`를 통한 외부 파일 참조가 불가하다는 조건이 있으나 SVG 지원에는 문제 없다.[20] 또한 인터넷 익스플로러9보다 아래, 또는 다른 구식 브라우저에서는 인라인 SVG의 대체 기술이 필요하다. 따라서 여기가 바로 `<switch>`와 `<foreignObject>` 요소가 필요한 지점이다.

```
<button aria-label="menu">
    <svg>
        <switch>
            <use xlink:href="#navicon"></use>
            <foreignObject>
                <img src="path/to/navicon.png" alt="" />
            </foreignObject>
        </switch>
    </svg>
</button>
```

SVG가 지원된다면 `<use>` 요소를 통해 SVG가 렌더링되지만 그렇지 않다면 대체 PNG가 렌더링된다. 주목해야 할 사항은 대체 이미지의 `alt` 속성에 빈 값이나 `null` 값을 지정하면 스크린 리더가 이미지로 인식하지 않는다는 점이다. 'MENU'의 레이블은 `aria-label`을 통해 제공되므로 여기서 `alt`는 필요하지 않다. 아예 `alt` 속성을 생략한다면 일부 스크린 리더는 이미지 파일의 이름을 읽어줄 수 있다. 그 파일 이름 자체는 아이콘과 아무 관련이 없을 것이며, 솔직히 말하면 짜증나는 상황을 만들 수 있다. 따라서 오직 `alt=""`만이 믿을 수 있는 방법이다.

대체 이미지와 관련한 한 가지 이슈는 브라우저의 SVG 지원 여

---

20 https://caniuse.com/#feat=svg

부와 무관하게 거의 무조건 이미지 파일을 다운로드함으로써 불필요한 성능 영향이 있다는 점이다. 이에 대한 해법 중 하나를 아르투르 암필로고프Artur Ampilogov가 제시하기도 했다.[21]

작동

이제 버튼 사용과 관련된 실질적인 이야기를 해보자. 인클루시브한 UX를 만들기 위해 가장 먼저 신경 써야 하는 것은 `<button>`과 이를 보이도록 하는 메뉴의 위치다.

```html
<nav aria-label="site">
  <button>
    <svg><use xlink:href="#navicon"></use></svg>
    menu
  </button>
  <ul hidden>
    <li><a href="#main">home</a></li>
    <li><a href="/about">about</a></li>
    <li><a href="/products">products</a></li>
    <li><a href="/contact">contact us</a></li>
    <li><a href="/login">login</a></li>
  </ul>
</nav>
```

- 앞의 코드를 보면 자바스크립트가 동작하는 환경이라면 당연히 메뉴는 숨겨지고 버튼이 보이는 모습을 상상할 수 있다. 자

---

21 http://smashed.by/svgfallback

바스크립트가 `hidden` 속성을 메뉴 `<ul>`에 적용할 것이기 때문이다.
- `<button>`이 내비게이션 랜드마크 내부에 존재한다. 이는 스크린 리더 사용자가 단축키로 접근할 수 있다는 의미다. 만약 버튼이 바깥에 있었다면 사용자는 더 이상 진행할 수 없는 빈 랜드마크에 도착해 있을 것이다.
- 소스 순서상 메뉴는 `<button>`의 바로 다음에 있다. 이는 메뉴가 열리면 첫 번째 메뉴 아이템이 포커스를 받는다는 의미다. 메뉴는 `hidden`으로 숨겨져 있으므로 닫혀 있는 동안 그 콘텐츠는 포커스를 받을 수 없다. 보이지 않는 요소는 동작을 위한 것이 아니므로 포커스를 받을 수 없어야 한다.

디자인에서의 제약이나 회사의 정책이나 어떤 이유로든 앞과 같이 메뉴 버튼 바로 다음에 메뉴를 배치할 수 없는 상황이라면 `aria-controls`로 두 요소를 연결하는 방법이 있기는 하다. 그러나 내가 "Aria-Controls는 꽝이다Aria-Controls is Poop"[22]에서 썼듯이 이 방법은 피해야 한다. `aria-controls`는 오직 JAWS에만 노출되는데 JAWS는 아직 불완전하고 덜 만족스러운 솔루션이다. JAWS는 "제어할 수 있는 요소로 이동하려면 JAWS 키와 Alt 키와 M 키를 누르세요"라고 말할 것이다. 다시 되돌아갈 수 있는 어떤 방법도 제공하지 않는다.

사용자를 메뉴(또는 페이지 안에 멀리 있는 다른 요소)로 운송하기 위한 최선의 방법은 링크다.

---

22 http://www.heydonworks.com/article/aria-controls-is-poop

```
<a href="#nav-menu">navigation menu</a>
<!-- 다른 수많은 DOM 관련 코드가 들어올 자리 -->
<nav aria-label="site" id="nav-menu" tabindex="-1">
  <ul>
    <li><a href="#main">home</a></li>
    <li><a href="/about">about</a></li>
    <li><a href="/products">products</a></li>
    <li><a href="/contact">contact us</a></li>
    <li><a href="/login">login</a></li>
  </ul>
</nav>
```

'내비게이션 영역' 장에서 설명했듯이 순차 포커스 내비게이션을 고치기 위해 `tabindex="-1"`을 사용했다.

사용자가 랜드마크에 도착하기 전까지 메뉴를 숨겨야 한다면 `:target`이라는 가상클래스를 사용할 수 있다. `hidden` 속성을 없앤 대신 다음과 같은 CSS를 제공하면 된다.

```
#nav-menu ul {
  display: none;
}

#nav-menu:target ul {
  display: block;
}
```

사용자가 `href="#nav-menu"` 링크를 클릭하면 이 페이지의 URL에 `#nav-menu`라는 프래그먼트 식별자가 추가되고 메뉴 랜드마크가 대상이 됨으로써 `display: block;`이 적용된다.

이제 이 이야기는 한쪽으로 미루어놓고 다시 버튼으로 돌아가보자. 우리 예제에서는 메뉴와의 근접성이 이슈가 되지 않기 때문에 버튼이 실제로 적합하다. 예컨대 사용자가 닫거나 열기를 하면 메뉴가 그렇게 작동할 것이다. 즉 자바스크립트와 WAI-ARIA를 사용함으로써 비시각적인 상태에서의 변화를 제어할 수 있었다.

상태 통신

웹 인터페이스에서 기능성 요소의 상태와 통신하는 일은 보조 기술을 사용한다. 따라서 접근성 트리[23]에 의존하는 모두에 대한 인터페이스를 인클루시브하게 만드는 중요한 부분이다. 접근성 트리는 비시각적인 목적으로 마크업을 통해 제공하는 접근성 역할, 속성, 값, 상태 정보를 나타내는 DOM의 한 버전임을 기억하기 바란다.

DOM을 변경하는 자바스크립트에 스크린 리더가 반응하지 않을 것이라는 흔한 오해가 있다. 인기 있는 모든 스크린 리더는 변경이 있을 때마다 자신만의 버퍼(접근성 트리를 사용하는 DOM의 해석 버전)를 갱신한다. 즉 텍스트 노드와 속성에 변경이 일어나면 요소를 추가하거나 제거할 뿐 아니라 버퍼도 갱신된다.

WAI-ARIA는 true와 false 값으로 상태의 존재 여부를 알려주는 상태 속성을 제공한다. 여기서는 aria-expanded[24]가 해법이라고 보는데, 스크린 리더가 명확하게 '접혀짐'(false)과 '펼쳐짐'(true)을 낭독할 수 있게 하기 때문이다. 처음에는 메뉴가 열려 있지 않으므로 당연히 false가 적합하다.

```
<nav aria-label="site">
  <button aria-expanded="false">
```

---

23 http://smashed.by/a11ytree
24 https://www.w3.org/TR/wai-aria/#aria-expanded

```
        <svg><use xlink:href="#navicon"></use></svg>
        menu
    </button>
    <ul hidden>
        <li><a href="#main">home</a></li>
        <li><a href="/about">about</a></li>
        <li><a href="/products">products</a></li>
        <li><a href="/contact">contact us</a></li>
        <li><a href="/login">login</a></li>
    </ul>
</nav>
```

메뉴 버튼이 포커스를 받으면 스크린 리더는 "사이트 내비게이션, 메뉴 버튼, 접혀짐"과 같은 식으로 읽게 될 것이다. 즉 이 영역의 메뉴와 관련해 존재하는 모든 정보를 낭독한다.

자바스크립트의 결정적 역할

메뉴의 상태를 전환하려면 자바스크립트가 필요하다. 메뉴의 동작은 매우 기본적인 기능이므로 평범한 자바스크립트로 구현해 페이지 하단에 포함시키면 된다.

이미 설명했지만 자바스크립트가 실행될 수 없거나 그 기능을 끈 환경에서는 메뉴가 모두 보이고 사용할 수 있는 상태로 될 것이다. 그러나 그럴 가능성은 적다. 문서 자체가 로딩되면 이미 자바스크립트에 필요한 전부가 존재한다는 의미다. 제이쿼리나 그 밖의 의존 패키지는 필요하지 않다.

```
(function() {
    // 버튼과 메뉴 노드 취득
```

```
    var button = document.querySelector('[aria-label="site"]
button');
    var menu = button.nextElementSibling;
    // 초기 상태(닫힌 메뉴) 설정
    button.setAttribute('aria-expanded', 'false');
    button.hidden = false;
    menu.hidden = true;
    button.addEventListener('click', function() {
        // 메뉴 가시성 전환
        var expanded = this.getAttribute('aria-expanded') ===
'true';
        this.setAttribute('aria-expanded', String(!expanded));
        menu.hidden = expanded;
    });
})();
```

당신이 몰랐던 비밀

여기서는 CSS 포지셔닝이나 애니메이션을 사용해 어떤 근사한 것도 만들지 않았다. 메뉴는 `hidden` 속성을 통한 가시성의 상태를 전환함으로써 드러나거나 감춰지기만 할 뿐이다. 이렇게 해서 얻는 이점은 다음 세 가지다.

- 메뉴 체계와 관련해서는 어떤 CSS 의존성도 갖지 않는다. 이는 CSS가 제대로 작동하지 않는 환경에서도 메뉴는 제대로 기능한다는 의미다.
- 메뉴는 문서 흐름의 일부로서 보이게 된다. 따라서 뷰포트보다 긴 메뉴라도 여전히 뷰 안에서 스크롤될 수 있으며 페이지 콘텐츠를 가리지 않는다. 이는 절대 위치를 사용한다면 불가능한 일이다.

메뉴 버튼

- 앞서 언급했듯이 부모 요소의 `display: none;`과 같은 `hidden` 속성은 어떤 자식 요소라도 포커스를 가질 수 없게 만든다. 이는 `height: 0;`을 설정하고 전체 높이에 대해 애니메이션을 적용하면 없어지는 효과다. 즉 메뉴가 닫혀 있는데도 불구하고 키보드 사용자는 보이지 않는 요소 사이를 다닐 수 있게 된다.

주의 깊게 디자인한 신중한 애니메이션 효과는 사용자의 이해를 도울 수도 있다. 그럼에도 불구하고 단지 사용자의 눈길을 끌려는 목적으로 애니메이션을 사용하고 싶은 유혹에 빠지지 말기 바란다. 특히 CSS 포지셔닝에 의존하는 애니메이션이라면 더욱 그렇다. "UX에서 위태로운 XThe Precarious X in Ux"[25]에도 썼지만 오직 디자이너만이 인터페이스 자체의 우아한 미학적 지점에 매혹되는 경향이 있다. 그러나 대부분의 실제 사용자는 일이 잘 처리되기만을 원한다. 인클루시브 디자이너가 최우선으로 가져야 할 덕목은 그들의 기대에 부응하는 일이다.

이건 비밀인데, 실제로 사람들은 제품의 사용법에는 관심이 없다. 인터페이스를 다루거나 손잡이를 돌리거나 레버를 당기거나 버튼을 누르는 일은 그들에게 언제나 시간 낭비일 뿐이다. 그보다는 최종 결과에 관심이 많다. 또한 최대한 빨리, 가급적 방해 없이, 가장 효율적인 방식으로 그 결과를 얻는 데 관심이 있다."

— 고란 피이크, "제품을 사용하려는 사람은 없다."[26]

---

25 http://www.heydonworks.com/article/the-precarious-x-in-ux
26 http://smashed.by/nobodyproduct

터치 타깃

언급했듯이 사용자의 행동에 의존해 히든 콘텐츠가 나타나게 하는 것은 마지막 수단이다. 따라서 메뉴는 늘 충분히 넓은 뷰포트에 있어야 한다. 특히 모바일과 같은 손바닥만한 크기에서 터치 조작을 해야 하는 경우에 더욱 그렇다. 예컨대 햄버거 메뉴를 터치로 조작하게 할 때는 각별히 고민해야 한다. 류머티즘성관절염으로 손동작에 제한이 있는 사용자들도 포용해야 하기 때문이다.

상호작용 가능한 요소에 작은 터치 영역, 즉 작은 터치 타깃을 부여할 경우 불필요한 난관을 만든다. 그렇다면 우리가 추구해야 할 터치 타깃의 최소 크기는 어느 정도일까? 기기의 종류가 엄청나게 늘어나는 상황에서 이에 대한 보편적인 해답을 찾기는 거의 불가능해 보이기도 하다.

애플과 안드로이드는 각자 44×44DIP(애플만의 밀도 독립 화소 density-independent pixel)와 48×48픽셀을 권장하고 있다. 대략 이 정도이거나 더 큰 경우에는 사용자 손가락으로 시각적 포커스 반응 visual focus feedback이 가려질 일은 없다. 그렇지 않다면 앤서니 토머스 Anthony Thomas의 "손가락 친화적 디자인 : 모바일 터치 타깃의 이상적 크기Finger-Friendly Design : Ideal Mobile Touch Target Sizes"[27]에서 말하는 불안한 제스처를 할 수밖에 없다.

 사용자는 작은 터치 타깃의 경우 손가락 끝으로 살짝 터치한다. 그래야 자신이 정확히 터치했는지 시각적 반응을 통해 알 수 있기 때문이다. 그러나 사용자가 손가락 방향을 바꿀 때 그 움직임은 느려질 수

---

27 http://smashed.by/targetsize

밖에 없으며 타깃을 터치하는 일을 더 힘들게 만든다."

패트릭 H. 로크Patrick H. Lauke는 W3C의 모바일 접근성 태스크 포스Mobile Accessibility Task Force를 위해 터치 및 포인터 타깃의 크기 연구를 맡은 바 있다.[28]

모바일의 내비게이션 영역에서는 링크와의 근접성 때문에 터치 타깃의 크기 문제가 심각하다. 손가락 표면이 둘 이상의 요소에 걸치면 압력이 가해졌을 때 어느 한 요소만 활성화될 수 있다. 이는 누구나 관심 있어하는 도박 같은 종류가 아니다.

"으악! 잘못 눌렀네. 이 양반은 수직 패딩도 모르나?"

이런 이슈의 처방으로 "BBC 모바일 접근성 지침BBC Mobile Accessibility Guidelines"[29]은 요소 사이에 '비활성 공간'을 포함시키라고 권장한다. 그러나 나는 이 방법이 내비게이션 영역과 관련해서는 다소 이해하기 어려운 이상한 모양을 만들어낼 수 있다고 조심스럽게 주장한다.

모바일 뷰포트라면 하나의 수직 칼럼에 내비게이션 아이템들을 보여준다. 즉 한 줄에 링크 하나씩 보여주고 수직 패딩을 넉넉하게

---

28 http://smashed.by/mobilea11y
29 http://smashed.by/bbcspacing

해서 각 링크 사이가 성인의 손가락 끝부분 지름보다 크게 만들기를 권한다.

정리

여기서는 이 패턴을 명백하게 메뉴 버튼에 사용했지만 사실은 아이콘이 있는 버튼 컨트롤에 통상적으로 적용할 수 있다. 접근성 있는 레이블, 윈도우의 고대비 모드와 터치 동작의 수월함으로 인한 잠재적 문제점을 유념한다면 각기 다른 사용자의 설정, 상황, 디바이스, 보조 기술 소프트웨어의 경우도 모두 포괄하는 메뉴 버튼과 콘텐츠를 보장할 수 있을 것이다.

피해야 할 사항

- 아이콘 렌더링을 위해 배경 이미지를 사용하는 것
- 접근 가능 이름과 레이블을 누락하는 것
- 터치 영역을 작게 만드는 것
- 상태 통신을 무시하는 것

인클루시브 프로토타입

이 책은 어떤 문제들에 대해 인클루시브 디자인을 염두에 둔, 이미 구상한 여러 해법을 제시한다. 이를테면 이전에 보여준 내비게이션 영역과 같은 패턴들을 여러 프로젝트에서 사용할 수 있지만, 그것들은 정말로 예시일 뿐이다. 그런 예시들은 디자인 문제를 해결하기 위한 자신만의 패턴을 구축할 때 인클루시브한 사고 습관에 도움이 된다. 디자인 프로세스 초기 단계에서 그런 사고 훈련은 결국 탄탄한 결과물을 만들어내기 위한 투자와 다름없다.

프로젝트의 탐색 단계[1]에서 잠재적 사용자에 대한 공부가 마무리되어간다. 이제는 사용자가 애플리케이션에서 수행할 수 있는 작업에 대한 고민을 시작할 때가 되었다. 요컨대 생성, 정렬, 편집, 구매, 읽기, 반응, 이동, 캡처, 그리기, 업로드 등 단어를 모으기 시작할 것이다.

어떤 모양과 느낌의 사용자 경험을 갖게 할 것인지보다 사용자 행동을 어떻게 실행할 것인지를 먼저 생각해야 한다. 미학과 기쁨에 대해 생각하는 것은 현 단계에서는 너무 먼 이야기다. 지금 필요한 것은 사용성을 위한 프로토타입이며 프로토타이핑 경험을 인클루시브하게 만들수록 더 많은 사용자가 유용성을 얻게 될 것이다.

페이퍼 프로토타이핑

내가 디자이너나 개발자로 참여해 성공한 프로젝트는 거의 모두 설계 과정의 초기 단계에 페이퍼 프로토타이핑Paper Prototyping을 포함

---

[1] http://www.uxapprentice.com/discovery/

하고 있었다. 예를 들어 영국 공중 화장실 지도The Great British Public Toilet Map[2] 프로젝트도 네온트라이브Neontribe[3] 사옥의 화장실 그림을 그리고 자르는 일부터 시작했다.

스케치 작업과 혼동하지 말기 바란다. 페이퍼 프로토타이핑은 종이에서 상호작용 가능한 프로토타입을 만드는 일과 관련이 있다. 물론 그 상호작용이란 누군가가 수동으로 해주어야 하며, 테스터는 이를테면 임시 데모 버전의 애플리케이션을 사용해볼 수 있게 된다.

고품질의 코드 기반 데모에 비해 페이퍼 프로토타이핑은 장점이 많다.

- 종이로는 누구나 할 수 있다. 코드로 만드는 프로토타입에는 프런트엔드 기술이 어느 정도 필요하다. 종이로 작업한다는 것은 백엔드 개발자나 자신의 기술력에 확신이 없는 사람들을 포함한 팀원들도 해볼 만하다는 의미다. 또한 더 중요한 의미는 이해관계자나 테스터도 그 과정에 참여할 수 있다는 점에 있다.
- 반복이 쉽다. 페이퍼 프로토타이핑은 대개 펜과 종이, 스티키 택Sticky tack(재사용 가능한 점착제) 정도만 있으면 가능하다. 스티키 택을 사용해서 컴포넌트를 연결하면 부품을 이리저리 옮기기 쉽다. 새 부품이 필요하면 종이와 펜으로 만들면 된다. 테스트하는 중에도 할 수 있으며 모든 사람이 참여할 수 있다. 이는 프런트엔드 개발자가 노트북으로 초조하게 작업하는 동안 나머지 사람들이 그 주위에 둘러앉아 빈둥거리고 있는 것보다 훨씬 나은 일이다.
- 완성품이 아니다. 고품질의 모형이나 프로토타입의 문제는 마

---

2 https://www.toiletmap.org.uk/
3 https://www.neontribe.co.uk/

치 완성된 것처럼 보인다는 점에 있다. 보통 사람들은 예의 바르다. 꽤 큰 고생을 했을 것으로 보이는 부분에 대해 솔직한 피드백을 주지 않는다는 말이다. 그러나 종이로 만든 프로토타입은 실제 애플리케이션과의 유사성을 찾아야 하는 지점이 너무나 명확하다. 따라서 미적인 세부 사항에 대한 피드백은 최소화되고 아이디어가 문제를 해결하고 있는지에 관심이 집중될 것이다.

준비물

이제 페이퍼 프로토타이핑에 착수한다고 가정하자. 먼저 필요한 장비와 그 이유에 대해 알아보아야 한다.

- 큰 종이(가급적 A2 크기)
- 가위
- 스티키 택
- 영구 마커펜(네임펜과 비슷하다)
- 아세테이트 시트acetate sheet(흔히 '아세테이트지'라고 부르는 필름)
- (화이트보드 펜 같은) 건식 마커펜

큰 종이

디바이스 화면 크기에 관계없이 시연하려는 애플리케이션의 프로토타입은 큰 종이로 시작하는 것이 좋다. 넓은 뷰포트(작은 부품에 해당하는 종이를 덧붙일 수 있는 큰 종이)는 테스트 환경에서 많은 사람이 동시에 보고 사용할 수 있게 해주기 때문이다. 이는 모든 사람이 참여 의식을 가질 수 있고 더 많은 메모를 할 수 있다는 의미다. 물론 프로토타입을 놓을 수 있을 만큼의 넓은 테이블도 필요하다!

가위

실제 애플리케이션과 마찬가지로 뷰포트는 작은 섹션이나 컴포넌트로 나눌 수 있다. 따라서 큰 종이를 작게 잘라서 기본 시트 위에 올려놓는 작업을 할 것이다. 절단기가 있으면 좋겠지만 없더라도 모든 절단 선이 곧아야 한다는 걱정은 하지 않아도 된다. 프로토타입이 삐뚤빼뚤할수록 위화감은 덜고 친근한 느낌은 더해질 것이다.

스티키 택

스티키 택은 종이 애플리케이션을 모듈화하며 컴포넌트를 재빨리 이동하도록 한다. 그것이 애플리케이션 동작의 일부든 레이아웃과 관련된 반복 작업의 일부든 말이다. 컴포넌트의 어느 부분이든 옮기거나 대체하려면 별도의 종이 조각을 사용해서 스티키 택으로 붙이는 작업을 하면 된다.

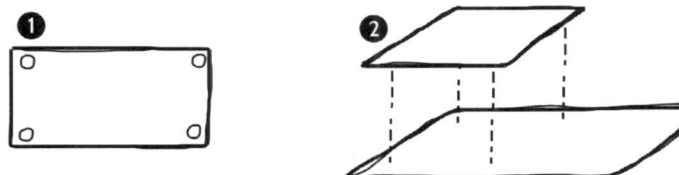

컴포넌트의 각 모서리에 스티키 택을 붙인 다음(1), 이것을 더 큰 컴포넌트에 붙일 수 있다(2). 언제든 떼어낼 수도 있다.

영구 마커 펜

레이블을 적거나 버튼 테두리를 그리거나 여러 마킹을 하기 위해서는 당연히 펜들이 필요하다. 그러나 가급적 색상의 종류를 제한하기 바란다. 예술 프로젝트가 아니니까 말이다. 나는 보통 오류를 나타내는 빨간색, 성공 메시지를 나타내는 초록색, 링크와 버튼을 표시하는 파란색 펜을 한 개씩, 검은색 펜은 두 개를 준비한다.

아세테이트 시트

애플리케이션을 만들 예정이라면 입력 필드가 포함될 것이다. 아세테이트 시트는 입력 필드를 프로토타이핑할 때 매우 유용하다. 테스터가 입력 필드에 비영구적으로 기입할 수 있기 때문이다. 실수를 쉽게 고칠 수 있고 다음 테스트를 위해 신속하게 지울 수도 있다.

건식 마커

아세테이트 시트에는 당연히 건식 마커를 사용해야 한다. 건식 마커는 프로토타입 구축에는 사용되지 않지만 테스트에 필요하다. 테스트 전에 마커가 잘 나오는지 먼저 확인해보자.

종이 프로토타입 테스트

종이 프로토타입 테스트에는 잊지 말고 준비해야 할 조금 특이한 절차가 있다.

1. **넉넉한 준비물** 훌륭한 테스트라면 열정적인 반복 작업이 따른다. 따라서 가까운 곳에 종이, 펜, 가위를 충분히 마련해두어야 한다.

2. **시나리오 작성** 프로토타입 말고 아무것도 없다면 테스터는 멍하니 앉아만 있을 것이다. 따라서 무언가 해결하기 위한 애플리케이션의 기능으로 작업을 진행할 수 있는 시나리오를 제공해야 한다. 중요한 것은 그 시나리오가 개인의 실제 경험에서 가져온 것이 아닌, 사생활 보호를 위해 전적으로 꾸며낸 내용이어야 한다는 점이다.

3. **컴퓨터의 역할의 지정** 프로토타입을 만든 사람이 직접 조작도 해야 한다. 즉 테스터의 입력에 반응하기 위한 일종의 역할 놀이를 해야 한다는 의미다. 예컨대 테스터 버튼을 누르면 그에 반응해 컴퓨터 역할을 하는 사람은 애플리케이션을 재구성해야 한다. 만약 무언가를 삭제하는 버튼이었다면 종이 컴포넌트를 떼어 한쪽으로 치워야 한다.

4. **명확한 지시** 상호작용이 가능할 것으로 생각되는 어떤 아이템이든 터치해보라고 테스터에게 말한다. 또한 프로토타입을 사용하면서 자신이 어떤 생각을 했는지 자유롭게 큰 소리로 말하게 하는 일도 중요하다. 그래야 사용성의 실패 지점이 어디인지, 그것을 극복하기 위한 방법이 무엇인지 알아내는 데 도움이 된다.

5. **진정시키기** 사용자는 자신이 테스트된다고 느끼기 쉽다. 따라서 사용자가 아니라 애플리케이션 자체의 테스트라는 점을 명확히 전달해야 한다. 또한 테스터가 작동 방법을 잘 모른다면 그것은 사용자가 아닌, 디자이너의 잘못이라는 점 역시 명확히 해야 한다.

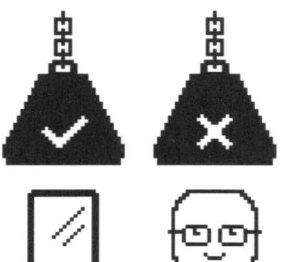

이전 직장 네온트라이브에서 사용성 전문가 릴리 다트(http://lilydart.com/)가 컨설팅을 하는 동안 그녀를 위해 만든 티셔츠 디자인이다. 여기에는 그녀만의 주문이 적혀 있다. "사용성을 테스트하자. 사용자가 아니라."

// 사용성을 테스트하자
// 사용자가 아니라

레이아웃

다음은 테스트 환경의 모습을 더 잘 보여주려고 주석을 추가한 스케치다.

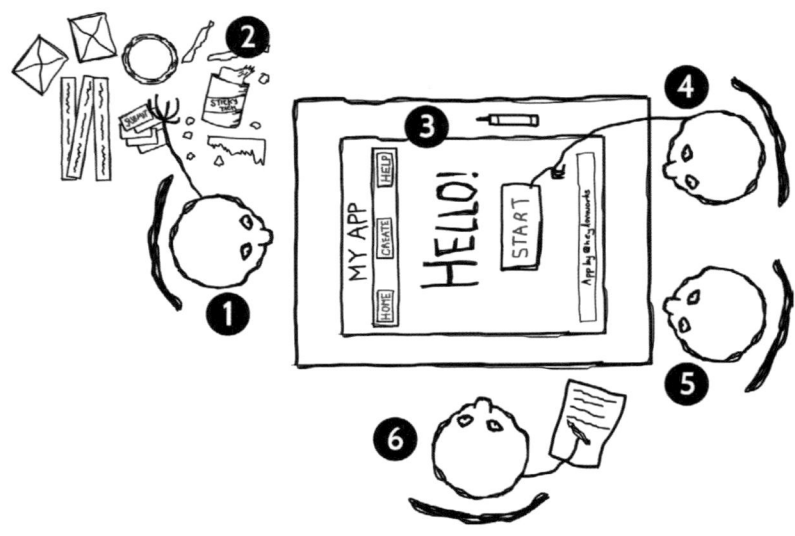

1. 컴퓨터 역할을 맡은 사람
2. 프로토타입 잡동사니(그 밖의 화면이나 아직 선보이지 않은 기능 등)
3. 애플리케이션
4. 프로토타입을 사용하는 테스터
5. 소극적인 보조 테스터 한 명이 있으면 더 낫다. 그는 메인 테스터 옆에 앉아 정신적인 지지를 하며 대화를 부추긴다.
6. 서기(기록하는 사람). 서기의 자리가 컴퓨터와 테스터의 중간이라는 점에 주목하자. 그렇게 함으로써 테스터가 자신이 조사받는다는 느낌을 줄일 수 있다.

종이에서 코드로

몇 차례 페이퍼 프로토타이핑을 하고 나면 수많은 종이 조각과 더 나은 아이디어를 갖게 될 것이다. 살아남은 종이들을 코드 모듈로 바꾸는 길은 인클루시브한 완성품 제작에 매우 중요하다. 이는 곧 이 책에서 배운 인클루시브 코딩을 끌어내야 하는 우리만의 실생활 스타일 가이드Living Style Guide[4]를 만드는 일이다.

    규모가 큰 팀에서 이는 최상의 해법에 도달하려는 공동의 협력이 될 것이다. 약간의 우호적 경쟁과 함께 말이다. 샬럿 잭슨Charlotte Jackson은 "페이지에서 패턴으로 : 모두를 위한 훈련From Pages To Patterns : An Exercise For Everyone"[5]에서 어떤 컴포넌트의 위치와 이름이 합

---

4 http://smashed.by/style-guide-tools
5 http://smashed.by/pages-to-patterns

의되면 곧바로 코딩을 하라고 제안한다. 샬럿이 쉽게 정리한 내용은 다음과 같다.

- 모두가 어떤 컴포넌트에 합의한다.
- 그 컴포넌트를 HTML과 CSS로 코딩한다. 시간 제한을 두며 완벽하게 만들려는 유혹을 참는다. 디자인이 변경되면 코드는 날려버려도 좋다.
- 작성된 코드를 비교하고 토론한다.
- 반복한다.

인클루시브 디자인의 관점에서 이 같은 일을 실현하기 위한 두 가지 조항을 제안하고 싶다. 첫째, 다양한 개인(또는 팀)이 동일한 컴포넌트에 대해 작업하며 서로 다른 해법을 비교할 수 있게 하자. 둘째, 접근성은 모든 고려 사항의 전제 조건이다. 키보드 접근성이 없거나 구조가 좋지 못하거나 스크린 리더가 접근하지 못하는 해법은 효과가 없다.

가장 빠른 프로토타입 코딩 방법은 `<input>`, `<select>`, `<a>`, `<button>` 같은 표준 HTML 요소를 사용하는 것이다. 표준 요소는 컴포넌트의 기능성을 만들 수 있게 해준다. 오직 이슈가 있을 경우에만 커스텀 컴포넌트를 사용해야 한다. 종이에서 HTML로 직행함으로써 효율적인 코드와 인클루시브한 경험의 기반을 닦을 수 있고 그 기반에서 CSS와 자바스크립트를 사용해 경험의 질을 높일 수 있는 것이다.

결국 HTML이 없으면 거기에 따라붙어야 하는 CSS나 자바스크립트도 있을 수 없다. 그러므로 HTML을 먼저 제대로 습득해야 한다.

"여기 네 웹사이트야."
"그냥 종이 조각이잖아."
"디자인해달라며. 만들어달라고 하지는 않았잖아."

제품 목록

"종교가 뭔가요?"
"제 정체성을 종교에만 국한하고 싶다면 전 시크교(힌두교의 한 종파)라고 말할게요. 하지만 힙합도 좋아하고 라디오도 즐겨 듣습니다. 여가 시간에는 67년형 코르벳(쉐보레의 스포츠카)도 수리하고요."
"좋아요. 그럼 시크교 한 명……."

— 드라마 〈오피스The Office〉 시즌 4, "즐거운 달리기"

비즈니스는 수용적인 고객을 대상으로 소통하려는 경향이 있다. 예를 들어 사진 관련 웹사이트를 만든 사람은 사진과 웹사이트를 좋아하는 사람들을 식별하고 대상으로 삼으려 할 것이다. 대부분의 마케터는 여기서 그치지 않는다. 고객의 연령대, 관심사, 경쟁 웹사이트, 소득, 열망하는 것, 심지어는 성별까지 조사한다.

다행히 인클루시브 디자이너는 불안정하고 오류투성이일 그런 마케팅 예술과는 관련이 없다. 사람의 능력이나 선호도, 주변 환경이 그 사람의 관심사나 취향, 생활 방식에 크게 영향을 주지 않기 때문이다.

누가 우리 제품을 원하는지 예측하는 일이 우리가 해야 할 게임인 반면, 제품 사용 방법에 대한 예측은 잠재적 고객을 멀어지게 할 뿐이다.

이른바 평균 사용자를 대상으로 하는 일은 처참한 인터페이스 디자인 전략이다. 종형곡선bell curve의 정점을 흔드는 소수의 사용자를 제외하면 평균 사용자란 존재하지 않기 때문이다. 유명한 주방용품 회사 옥소OXO는 그런 점을 잘 알고 먼저 극단적인 상황이나 장애 상황을 제시해 높은 수준의 인체공학 제품을 제작했고 주류로 자

리 잡을 수 있었다. 다음은 옥소에서 직접 한 말이다.[1]

초기 디자인 과정에서 모든 사용자의 요구를 고려한다면 매우 광범위한 사용자가 사용할 수 있는 제품이 만들어진다."

가상의 사례인 사진 웹사이트로 돌아가보자. 흥미가 없을 것으로 생각되는 사용자들을 위한 지원은 의미가 없다고 생각할 수 있을 것이다. 그렇게 하면 돈도 좀 아낄 수 있다. '시각장애인은 사진에 관심이 없을 텐데 우리가 왜 스크린 리더를 신경 써야 하지?'라고 생각할지도 모른다.

가상의 인물 샌드라를 만나보자. 그녀는 서른일곱 살에 시력을 잃기 전까지 사진작가였다. 하지만 사진에 대한 열정은 결코 식지 않았다. 여전히 온라인 사진 커뮤니티에서 활발하게 활동하며 사진 작업과 관련된 자세한 설명과 함께 다년간에 걸친 기술적 노하우를 전파하고 있다.

샌드라는 이 세상 어디든지 존재하며 모든 사람처럼 똑같이 경험할 권리가 있다. 그러나 다음과 같은 사항도 고려해보자.

- 샌드라가 원하는 기능은 시력이 떨어지고 있는 사람들을 배제하지 않는다.
- 샌드라와 같은 사람을 위한 것처럼 보이지만 다른 유형의 사람들을 소외시키지 않는다.
- 시각장애인이나 저시력 사용자를 위한 접근성 있는 기능은 다른 유형의 사용자에게도 이득이 된다. 예를 들어 alt 텍스트

---

1 http://smashed.by/oxo

는 텍스트 전용 브라우저나 이미지 요청에 403, 404, 500 또는 503이라는 결과를 받았을 때 이미지를 설명하는 역할을 한다. 스크린 리더 접근성은 키보드 접근성도 요구하는데, 이는 류머티즘성관절염을 겪는 사람뿐 아니라 파킨슨병이나 운동장애 등 마우스를 정확하게 조작하기 어려운 사람에게도 도움이 된다. 물론 이는 임상적으로든 아니든 키보드를 사용하는 모든 사람을 지원하기 위해 시작한 일이 아니다.

마우스 잡는 손으로 무언가를 먹고 있는 모든 사람은 키보드 사용자다."

— 에이드리언 로젤리[2]

어떤 콘텐츠든 또는 상업용 제안이든 상관없이 사용자가 인터페이스를 어떻게 사용하는지 추측할 이유는 없다. 사실 그런 식으로 하면 제품의 질만 떨어뜨릴 뿐이다. 여러분은 비용을 아끼려고 가상의 사용자 그룹을 위한 각각의 인터페이스가 아닌, 하나의 인터페이스를 만들고 싶을 것이다. 그렇기 때문에 인클루시브 디자인을 해야 한다. 품질이란 값비싼 추가 기능이 아니라 인클루시브함을 말한다.

인클루시브 디자인을 하려면 약간의 작업이 더 필요하다. 사실 표준화된 방법이란 작업을 적게 한다는 의미이기도 하다. 예를 들어 자체 작성한 접근성 없는 `<div class="heading-3">`는 표준 `<h3>`보다 타이핑이 더 필요하다. 게다가 `<div>` 사용을 고수하면서 사후에 ARIA 속성을 통해 접근성도 부여한다면 더욱 긴 코드가 될 것이다.

---

2 https://twitter.com/aardrian/status/388733408576159744

```
<!-- 인생은 짧다! -->
<div class="heading-3" role="heading" aria-level="3">Heading
text</div>
```

리스트의 장점

이 특별한 패턴에 대해 인화된 사진을 판매하는 사진 쇼핑몰을 가정해보자. 제품 목록은 사용자가 검색한 다음에 반환되는 사진들이다. 개별 제품이 어떻게 보이고 설명되어 있는지 참고 그림과 콜투액션을 포함해서 살펴보아야 한다. 결국 목표는 사용자가 제품을 사게 하는 것이다.

    앞서 여러 패턴의 장점을 자세히 설명했다. 콘텐츠 접근성을 아이템별로 나누고 주제별로 그룹화했으며 분해했다. 그렇지 않으면 구조가 없는, 구분되지 않는 산문이 되었을 것이다. 지금까지는 간결한 리스트 아이템을 만들기 위해 텍스트와 인라인 요소(링크)만을 다루었지만 좀더 복잡한 구조 정의에 응용하는 데는 아무 문제가 없다.

    비록 그 패턴이 하나의 제품 아이템 구조만을 정의하는 것으로 보이지만 먼저 맥락과 소속 관계를 확인하는 일이 중요하다. 이제 제품 템플릿으로서 첫 번째 리스트 아이템의 콘텐츠를 사용해 제품 목록을 시작해보자.

    먼저 `<h3>`로 제품에 제목을 달아주자.

```
<li>
  <h3>
    Naked Man In Garage Forecourt
    <a href="/photographer/kenny-mulbarton">by Kenny
```

```
Mulbarton</a>
   </h3>
</li>
```

각 제품은 똑같은 수준(h3)의 헤딩을 가져야 한다. 같은 목록 안에서 동등한 계층에 있기 때문이다. 주력 제품에는 <h2>와 같이 더 높은 수준의 헤딩을 부여하고 싶겠지만 무의미한 구조를 만들게 되므로 피해야 한다. 주력 제품이나 추천 제품을 내세우고 싶다면 CSS로 일부 텍스트를 강조하는 방법이 낫다.

```
<li>
   <h3>
      <strong class="highlight">Featured:</strong> Naked
Man In Garage Forecourt
      <a href="/photographer/kenny-mulbarton">by Kenny
Mulbarton</a>
   </h3>
</li>
```

강조된 텍스트는 시각적으로 눈에 쉽게 띄며 보조 기술에도 'Featured'라는 정보를 제공한다.

일부 스크린 리더 사용자는 헤딩을 통해 제품 목록을 탐색할 것이다. <h3> 헤딩의 경우 사용자는 H 키(다음 헤딩)나 3 키(다음 h3 헤딩)를 사용해 제품에서 제품 사이로 이동할 수 있다. 또 다른 스크린 리더 사용자는 내비게이션을 통해 목록을 직접 탐색할 수도 있다. 예를 들어 JAWS에서는 I 키(아이템용)를 제공해 아이템에서 다음 아이템으로 이동할 수 있다. 사용자에게 선택권을 주는 일은 헤니 스완Henny Swan이 BBC에서 만든 접근성 있는 UX 기본 원칙[3]에서도 첫 번째 사항이다.

1. 사용자에게 선택권을 줄 것
2. 사용자에게 제어권을 줄 것
3. 친근함을 염두에 둔 디자인을 할 것
4. 부가가치가 있는 기능들은 우선순위를 정할 것

CSS를 따로 만들지 않았다면 브라우저는 강조점bullet point이 있는 각 리스트 아이템을 보여주며 크고 굵은 폰트의 헤딩 텍스트를 렌더링할 것이다. 따라서 CSS를 일시적이든 영구적이든 사용할 수 없거나 또는 사용자의 스타일시트가 적용된 상황에서도 명쾌한 시각적 구조를 갖게 된다. 이처럼 콘텐츠와 프레젠테이션을 분리[4]하면 사용자가 자신만의 스타일[5]을 적용하는 일도 더욱 쉽게 할 수 있다.

사용자가 특정 사진작가의 페이지로 이동하기 위해 헤딩 안의 링크를 클릭한다면 그 작가의 사진 목록이 그 자리에서 똑같이 설명되고 보여야 한다. 《모두를 위한 웹》[6]에서의 다음과 같은 말처럼 말이다.

> 같은 것은 같은 방식으로 보여주어야 한다. 사이트에서 사용자가 자신의 길을 찾게 도와주는 방법은 사이트 요소의 표현 방식과 레이블 방식의 일관성을 유지하는 것이다. 이는 결코 어떤 변형이나 특색도 없는 따분한 사이트여야 한다는 의미가 아니다."

---

3 https://www.smashingmagazine.com/2015/02/bbc-iplayer-accessibility-case-study/
4 https://webaim.org/techniques/css/#sep
5 https://www.opera.com/docs/usercss/
6 http://smashed.by/aweb4everyone

주요 정보

지금까지 우리 제품에는 제목만 있는 상태다. 사용자는 틀림없이 크기, 가격, 고객 평점 같은 정보에 관심이 있을 것이다. 이런 주요 정보는 정의 목록을 사용해 깔끔하게 그룹화하고 레이블을 줄 수 있다.

```html
<li>
    <h3>
        Naked Man In Garage Forecourt
        <a href="/artist/kenny-mulbarton">by Kenny Mulbarton</a>
    </h3>
    <dl>
        <dt>Size:</dt>
        <dd>90cm × 30cm</dd>
        <dt>Price:</dt>
        <dd>€35.95</dd>
        <dt>Rating:</dt>
        <dd><img src="/images/rating_4_5.svg" alt="">4 out of 5 stars</dd>
    </dl>
</li>
```

노트

- 순서 없는 목록(`<ul>`)과 마찬가지로 정의 목록(`<dl>`)의 아이템도 스크린 리더에 의해 열거될 수 있으므로 사용자가 그 양을 알 수 있다. 보이스오버 등과 같은 스크린 리더는 처음에 "Definition list"라고 읽음으로써 사용자가 키-값 쌍을 예상할 수 있게 해준다.

- 브라우저의 사용자 에이전트는 <dd> 요소를 들여쓰기함으로써 스타일을 잡는다. 즉 디자이너의 CSS가 없어도 시각적 계층이 보여진다는 의미다.
- "90cm×30cm"에서의 곱하기(×)는 올바른 유니코드 문자다. 따라서 스크린 리더는 "Thirty C M times ninety C M"이라고 읽을 것이다. 곱하기 기호로 소문자 x 를 사용하는 것은 어리석은 짓이다. 스크린 리더가 "엑스"라고 발음할 것이기 때문이다. 그뿐 아니라 시각적으로도 명확하지 않다. 특히 명조 계열의 폰트일 경우에 더욱 그렇다.
- 고객 평점은 별의 개수로 나타내는 잘 확립된 관례를 따르자. 별 이미지를 보강하기 위해서는 평점을 읽을 수 있게 해야 한다. `alt=""`는 스크린 리더가 이미지를 무시하게 해준다. 그렇지 않으면 스크린 리더에 의해 이미지 설명이 장황하게 두 번이나 낭독될 것이기 때문이다.
- "Size(크기)"보다는 "Dimensions(면적)"가 더 정확한 표현일 수 있다. 그러나 '크기'라는 말이 더 많이 사용되며, 또한 어떤 주어진 맥락에서 둘은 같은 뜻이다. 애슐리 비쇼프Ashley Bischoff 의 프레젠테이션 '더 나은 접근성을 위한 쉬운 말의 채택Embracing Plain Language for Better Accessibility'[7]에는 허세가 있거나 딱딱한 단어를 쉽고 인간적인 단어로 바꿀 수 있는 훌륭한 조언이 들어 있다.

---

7   http://www.handcoding.com/presentations/plaina11y/#cover

제품 섬네일

이미지와 광고 사이의 친밀한 관계를 여기서 모두 논하기는 힘들다. 6개월 구독권이나 영원한 행복과 같은 무형 제품을 판매하는 것이 아니라면 사용자는 자신이 구매할 수도 있는 제품을 눈으로 보고 싶어한다. 여기까지만 말해도 충분할 것이다.

섬네일thumbnail은 본질적으로 제품의 공식 이미지다. 따라서 섬네일은 어수선한 주변 장식물 없이 제품 전체를 뚜렷하게 보여주는 사진이어야 한다. 똑같은 제품(예를 들어 색상만 다른 똑같은 디자인의 티셔츠)은 똑같은 각도에서 똑같은 방식으로 보여져야 한다.

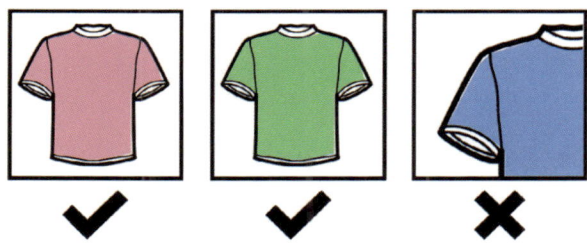

예술적이고 창의적인 제품 사진[8]이 분위기를 환기할 수는 있지만 사용자가 제품의 정확한 모습을 알아내려고 애쓰게 함으로써 사용자의 인지 부하cognitive load[9]를 높이게 된다. 최소한 섬네일은 제품 퍼머링크 페이지의 전유물이 되어야 한다.

---

8 http://smashed.by/productphoto
9 https://en.wikipedia.org/wiki/Cognitive_load(한글 https://ko.wikipedia.org/wiki/인지_부하)

대체 텍스트

다행히 우리 사진의 섬네일은 사진의 사진이므로 구도와 조명 등이 이미 처리되어 있다. 그렇다면 시각장애 사용자에게 제품의 형태를 설명하기 위한 대체 텍스트를 정하는 문제가 남는다.

접근성 있는 인터페이스 디자인을 시작할 때 항상 배우는 사항 중 하나는 alt 텍스트를 포함시켜야 한다는 점이다. 그러나 접근성과 비접근성, 그리고 포괄(인클루시브)과 배제(익스클루시브) 사이의 차이를 만드는 것은 정확히는 텍스트 자체다. 마지막 예제에서 중복을 피하기 위해 명시적인 대체 텍스트를 지정하지 않은 방법(alt="")이 처음에는 직관에 어긋나 보이겠지만 실은 올바른 해법이다.

다른 모든 디자인과 마찬가지로 alt 텍스트 역시 맥락에 의해 전달되어야 한다. 이를 위해 WAI에서는 alt의 의사결정 트리decision tree[10]를 제공한다. 우리의 섬네일은 텍스트를 포함하거나 동작을 설명하지는 않는다. 그래서 의사결정 트리에 따라 그다음 질문에 답해야 한다. "이미지가 현재 페이지나 맥락의 의미에 기여하는가?"

대답은 이미지 제목에 없는 정보를 제공한다면 '그렇다'이다. 우리 이미지는 있는 그대로를 설명하는 매우 간결한 제목을 갖고 있으므로 우리는 추가 정보를 제공할 기회를 잡을 수 있게 되었다.

```
<li>
    <h3>
        Naked Man In Garage Forecourt
        <a href="/artist/kenny-mulbarton">by Kenny Mulbarton</a>
    </h3>
```

---

[10] https://www.w3.org/WAI/tutorials/images/decision-tree/

```html
<img src="/images/naked-forecourt-man.jpg" alt="High-
contrast black and white image of a naked man
nonchalantly leaning against a gas pump." />
<dl>
    <dt>Size:</dt>
    <dd>90cm × 30cm</dd>
    <dt>Price:</dt>
    <dd>€35.95</dd>
    <dt>Rating:</dt>
    <dd><img src="/images/rating_4_5.svg" alt="">4 out of 5 stars</dd>
</dl>
</li>
```

여기서는 이미지의 범주('흑백사진')와 분위기('태연하게 기대선')라는 중요한 정보를 전달했다. 이 중 어떤 정보도 시각장애가 있거나 이미지를 보지 못하는 사용자에게는 와닿지 않을 것이다. 그러나 느린 네트워크에서 이미지를 잠시 끄거나 이미지 로딩에 실패한 사용자는 대체 텍스트를 볼 수 있다. 따라서 그 텍스트 설명을 읽고 사진에 대해 확신한 상태에서 와이파이에 연결되면 볼 생각으로 북마크할 수 있다.

이미지 성능

'메뉴 버튼' 장에서 간단한 세 줄의 내비콘(햄버거 아이콘)을 렌더링하는 여러 방법을 살펴보았다. SVG를 사용함으로써 얻는 이점 중 하나는 파일 용량이 극도로 작아진다는 것이다. 특히 `<rect>` 요소를 사용해 반복되는 기하학적 모양을 사용할 때는 더욱 그렇다.

불행하게도 우리가 판매하려는 사진의 상징적인 인상을 사각형과 원으로 재현하는 일은 불가능하다. 따라서 PNG나 JPG와 같은 더 무겁지만 더 정교한 포맷을 따라야 할 것이다. 래스터 섬네일이 페이지를 얼마나 느리게 로딩시키는지 감을 잡으려면 대상 사이트를 띄우고 크롬 개발자 도구를 실행한다. 그리고 Network 패널로 이동해서 Toggle device toolbar 버튼(command + shift + m 키)을 누른다. 마지막으로 오른쪽 끝의 작은 삼각형으로 된 Throttling 메뉴에서 Slow 3G를 선택한다.

이제 페이지를 새로고침하고 기다리자. 그리고 좀더 기다리자.

하지만 지루함이 유일한 이슈는 아니다. 모바일 네트워크에서 많은 양의 이미지 로딩은 비용이 높은 작업이다. 참고로 실제 비용을 계산해주는 '내 사이트 로딩 비용은 얼마일까?What Does My Site Cost?'[11]라는 사이트도 있다. 이 사이트는 모든 이미지를 포함해 하나의 페이지를 가져오는 데 드는 데이터 비용을 계산해준다.

웹개발자는 대개 비싼 데이터 요금제를 사용하며 업무 시간 대부분은 초고속 네트워크에 연결되어 있다. 그런 특권 상황에서의 경험은 대표성이 없다. 네트워크 환경이 열악하거나 비용을 쓸 수 없거나 로밍 요금 폭탄을 맞을 사람들까지 모두 포괄하려면 모든 이미지의 로딩에 대한 충격을 완화시켜야 한다.

이 책은 성능을 고려한 이미지 자산을 다루는 방법을 상세히 설명하지 않는다. 그러나 몇 가지 중요한 기법을 간단히 살펴보도록 하자.

1. **압축** 다른 모든 것을 제외하더라도 반드시 이미지 압축은 해야 한다. 이제는 이미지옵팀ImageOptim[12] 같은 자동화 도구를 이용

---

11 https://whatdoesmysitecost.com/
12 https://imageoptim.com/

할 수 있기 때문에 압축은 예전처럼 수작업으로 해야 했던 고된 일이 아니다.

2. **지연 로딩** 보이지 않는 이미지는 로딩될 이유가 없다. 지연 로딩 lazy loading이란 `<img/>` 요소가 뷰포트에 진입하기 전까지는 이미지 자원을 다운로드하지 않는 기법을 말한다. 지연 로딩을 가능하게 하는 많은 스크립트나 플러그인이 있는데, 그것들은 모두 가짜 이미지인 `src` 값을 진짜 이미지가 담긴 `data-` 속성값으로 대체하는 방식으로 작동한다. 즉 우리 예제에서 각 이미지의 마크업은 다음과 같이 보일 것이다.

```html
<img src="dummy.jpg" width="400" height="300"
data-src="/images/naked-forecourt-man.jpg">
```

3. **`<picture>` 요소** 이 요소는 뷰포트에 맞는 이미지를 사용할 수 있게 해준다. 작은 뷰포트라면 모바일 디바이스나 네트워크 환경일 가능성이 크다. 그러므로 물리적으로 작은, 즉 사이즈가 작은 이미지를 사용해서 로딩 비용이 적게 드는 이점을 얻을 수 있다. 이 방법을 우리 예제에 적용한다면 다음과 같은 마크업이 될 것이다.

```html
<picture>
  <source media="(min-width: 800px;)"
  srcset="/images/naked-forecourt-man_large.jpg">
  <img src="/images/naked-forecourt-man_small.jpg"
  alt="High-contrast black and white image of a naked man
  nonchalantly leaning against a petrol pump.">
</picture>
```

뷰포트가 반드시 800px 이상일 경우에만 src 속성값이 자동으로 <source> 요소에 정의된 값으로 전환된다는 점에 주목하기 바란다. 다만 이 방법은 치밀하지 못하다. 느린 모바일 네트워크에서 800px 이상의 뷰포트를 가진 디바이스 사용자도 분명히 있을 테니 말이다.

'바로 구매' 기능

우리가 사업 감각이 전혀 없지 않다면 당연히 사용자의 사진 구매를 쉽게 하고 싶을 것이다. 그렇게 할 수 있는 가장 간단한 방법은 '바로 구매Buy Now' 버튼을 추가하는 것이다. 하지만 조심해야 할 몇 가지 함정도 있다.

버튼 대 <BUTTON>

첫 번째 함정은 버튼의 개념과 예상된 동작에 관련된 것이다. 이른바 '바로 구매' 버튼의 모양을 하고 있지만 그 동작은 다른 자원으로 연결하는 일이다. 즉 하이퍼링크Hyperlink라는 말이다.

```
<a href="/product/naked-man-in-garage"
class="button">Buy Now</a>
```

더욱 접근성 있는 경험을 만들기 위한 분위기에서 일부 개발자는 role="button" 속성을 부여하는 실수를 범할 수 있다. 이는 암시적인 '링크' 역할을 명시적인 "button" 역할로 덮어버린다. 따라서 스크린 리더는 이 링크를 버튼으로 읽게 된다. 새 페이지를 로딩한다는 링크의 특성에는 변함이 없으므로 스크린 리더 사용자를 속이고 혼란스럽게 하는 이런 방법은 피해야 한다.

```
<!-- 이렇게 하지 말 것 -->
<a href="/product/naked-man-in-garage"
role="button">Buy Now</a>
```

버튼의 시각적 모습은 버튼 같은 동작을 암시하므로 실제 `<button>`의 미관을 보존하는 것이 낫다. 대신 버튼을 닮지는 않았지만 표준 링크보다는 시각적으로 강조된 별도의 콜투액션 스타일의 링크를 만들기를 제안한다.

```
a {
   /* 표준 링크 스타일 */
}

a.call-to-action {
   /* 강조된 링크 스타일 */
}

button {
   /* <button> 요소 스타일 */
}
```

밑줄이 있는 기본 링크, 테두리가 있는 액션 링크, 파란 배경의 버튼

제품 목록

노트

- 이런 요소는 각기 다르게 취급되지만 상호작용성의 품질을 공유한다는 의미로 같은 색상을 사용하기를 권한다. 링크가 파란색이라면 버튼도 파란색일 때 쉽게 인지하기 좋다. 파란색은 클릭 가능하다는 의미가 있기 때문이다.
- 여기서는 요소 a에 .call-to-action 클래스를 부여했다. 이렇게 하면 중복을 일으킨다고 다른 곳에서 읽었을지도 모르겠다. 그러나 여기에는 중요한 목적이 있다. .call-to-action의 스타일을 a 요소로 한정한다는 것이다. 즉 .call-to-action을 <button>이나 <div> 요소 등에 사용하면 스타일이 적용되지 않는다. 이렇게 함으로써 개발자의 부적절한 요소 사용을 효과적으로 방지할 수 있다. 이언 맥버니Ian McBurnie는 "접근성을 의무화하는 CSS 프레임워크How Our CSS Framework Helps Enforce Accessibility"[13]라는 글에서 그와 비슷한 여러 조항에 대해 자세히 설명한다.
- <button>이 다른 링크와 구별되는 또 다른 사항은 손 모양 커서hand cursor 등과 같은 pointer 커서를 갖지 않는다는 점이다. 애덤 실버Adam Silver는 "버튼에는 손 모양 커서가 없어야 한다Buttons shouldn't have a hand cursor"[14]에서 <button> 요소에 cursor: pointer를 추가하는 일이 사용성에 위배되는 이유를 설명한다. 커서 스타일을 적용한 <button>은 표준 동작standard behavior을 하지 않게 되며 이는 오래 유지된 관례를 깨는 위험

13 http://smashed.by/enforcea11y
14 http://smashed.by/handcursor

한 일이다.

표준 동작의 수용

두 번째 함정은 훨씬 간단명료하게 설명할 수 있다. 필요한 동작이 링크라면 링크 동작을 사용해 링크하면 된다. 이렇게 말하면 쉽게 들리겠지만 사실 우리는 인터페이스를 과잉 설계하는 경향이 있다. 특히 클라이언트 측 자바스크립트 프레임워크는 표준 링크 동작을 대체하는 습관이 있다. 이는 자바스크립트 영역 안에서 독자적으로 작업하기를 선호하는 프레임워크 개발자에게는 도움이 될 수 있다. 그러나 사용자에게는 도움이 되지 않는다.

자바스크립트를 사용할 수 없는 경우 기본 링크 동작이 불능이 될 뿐 아니라 자바스크립트를 사용할 수 있는 경우라도 사용자 경험은 박탈된다. 링크에 마우스 커서를 올렸을 때 URL은 오직 'javascript:;'만을 보여주게 되며, 따라서 링크를 새 탭에 드래그해서 열 수도 없다. 또한 우클릭을 했을 때 링크를 위한 정상적인 컨텍스트 메뉴가 호출되지 않는다. 브라우저는 정상적으로 사용된 <a> 요소일 경우에만 그런 기능들을 제공하기 때문이다.

```
<!-- 안정적이며 기능적인 방법 -->
<a href="/product/naked-man-in-garage" class="call-to-
action">Buy Now</a>

<!-- 안정적이거나 기능적이지 않은 방법 -->
<a href="javascript:;" data-action="naked-man-in-
garage" class="call-to-action">Buy Now</a>
```

잘 서술된 고유의 링크 텍스트

지금은 각 제품의 링크들이 모두 '바로 구매'라는 똑같은 레이블을 갖고 있다. 이는 스크린 리더가 수집한 링크 목록이 다음과 같은 도움이 안 되는 형태라는 의미다.

- 바로 구매
- 바로 구매
- 바로 구매
- 바로 구매
- 바로 구매

따라서 제품 이름을 시각적으로는 `<h3>`를 통해 이미 보여주고 있기 때문에 제품 이름을 히든 텍스트로 링크 안에 넣어주는 방법을 써야 한다.

```
<a href="/product/naked-man-in-garage" class="call-to-
action"> Buy <span class="visually-hidden">Naked Man In
Garage Forecourt</span> Now
</a>
```

이제 링크 텍스트는 독립적인 의미를 갖게 되었다. 물론 `visual-ly-hidden` 클래스는 '블로그 포스트' 장에서 설명했듯이 스크린 리더가 접근 가능한 숨김 기법[15]에 부합해야 한다. 링크 텍스트에 제품 이름을 넣는 경우 부가적인 이득이 있다. 바로 검색엔진의 가시성visibility을 높인다는 점이며 이는 잘 알려진 기법이다. 구글은 잘

---

15 http://smashed.by/hidingcontent

서술된 링크 텍스트의 사용을 권장한다.[16] 그래야만 크롤러crawler(자동 웹 탐색 프로그램)가 링크 텍스트와 대상 페이지의 `<title>`이나 `<h1>`이 같다는 것을 인식해서 검색어와의 높은 관련성을 부여하기 때문이다.

다음은 전체 레이아웃의 진행 모습이다.

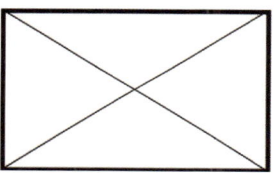

블록 수준의 링크

HTML5에서는 링크(`<a>`) 요소 안에 블록 수준의 콘텐츠를 넣는 것이 허용되었다.[17] 즉 제품 콘텐츠 전체를 링크로 감쌀 수 있다는 뜻이다. 이는 클릭 영역이 넓어진다는 이점이 있다.

이렇게 할 경우 우리 예제에서는 사진작가 페이지의 링크를 제거하는 대가를 치러야 한다.

```
<li>
    <a href="/product/naked-man-in-garage">
        <h3>Naked Man In Garage Forecourt</h3>
        <img src="/images/naked-forecourt-man.jpg" alt="high
```

---

16 http://smashed.by/linkarchitecture
17 http://html5doctor.com/block-level-links-in-html-5/

```
contrast black and white image of a naked man nonchalantly
leaning against a petrol pump." />
    <dl>
        <dt>Size:</dt>
        <dd>90cm × 30cm</dd>
        <dt>Price:</dt>
        <dd>€35.95</dd>
        <dt>Rating:</dt>
        <dd><img src="/images/rating_4_5.svg" alt="">4 out of
5 stars</dd>
    </dl>
  </a>
</li>
```

이 마크업은 기술적인 규범을 완전히 지키고 있으며 UX와 관련한 몇 가지 중요한 사항을 제시한다.

1. 이 링크에는 보조 기술에 의해 탐지되거나 시각적으로 보일 수 있는 전용 레이블이 없다. 결과적으로 사용자가 제품 블록에 커서를 올려 포인터 스타일이 나타나게 되기 전까지, 즉 실제로 상호작용하기 전까지는 상호작용이 가능한지 알지 못한다.
2. 이 구조는 일부 스크린 리더에서 예상하지 못한 동작을 하게 만들 수 있다. 예컨대 보이스오버에서 control + alt + command + h 키를 눌러 제품 헤딩을 탐색하려 할 때, 전체를 둘러싼 링크가 포커스를 받아 헤딩의 시맨틱인 '세 번째 수준의 헤딩'이 낭독되지 않는다.
3. 어떤 보조 기술이든 링크가 포커스를 받을 경우 텍스트로 된 콘텐츠 전부를 읽게 되므로 장황해질 가능성이 높다.
4. 터치 디바이스 사용자는 상호작용 기능이 없어 보이는 스크린의

일부를 터치하면서 뜻하지 않게 링크를 따라가게 된 자신을 발견하게 될 것이다. 정말 짜증난다.

일반적으로 이 같은 블록 수준의 링크는 만들지 않는 것이 좋다. 표준에 따른, 기술적으로 유효한 마크업이라는 점이 반드시 일정 수준의 사용자 경험을 만들 수 있다는 것을 의미하지는 않는다. 접근성 컨설턴트이자 교육자 칼 그로브스Karl Groves는 "규정 따위는 개나 줘버려To Hell with Compliance"[18]라는 글에서 요식적인 체크리스트 방식의 규정 준수 테스트가 왜 성공적인 인클루시브 디자인에 그다지 기여하지 못하는지 설명한다.

이는 우리가 제시할 수 있는 최소한의 사항이다. 온라인 서비스를 향한 불평 사항은 거의 항상 인터페이스를 제대로 사용하지 못한 사람에게서 나온다. 그러나 규정을 100퍼센트 준수하는 인터페이스도 항상 완벽하게 사용할 수 없다. 마찬가지로 이상해 보이는 에러가 있지만 충분히 단순하고 잘 구조화된 명료한 인터페이스라면 즐겁게 사용할 수도 있다.

보조 기술과 관련된 접근성 에러의 대다수가 마크업 에러이며 마크업 에러는 알아보기 쉽다. 따라서 접근성 조치 문화는 보조 기술이 개별 코드 에러에 집착하고 집중하는 식으로 성장해왔다.

인클루시브 디자인의 관점은 다르다. 인클루시브 디자인은 시맨틱하고 안정적인 인터페이스를 만드는 마크업의 중요성을 인정한다. 그러나 목적을 달성하기 위해 실제로 일을 완수하는 것은 사용자의 능력이다. 마크업의 품질은 UX의 측면에서 측정되기 때문이다.

---

18 http://www.karlgroves.com/2015/01/06/to-hell-with-compliance/

SERP

우리의 제품 패턴은 만족스러운 수준 그 이상이다. 그러나 우리의 인터페이스가 고객이 제품 정보를 찾고 소비하는 유일한 수단이 아님을 인정해야 한다. 찾아보기가 잘된 사이트는 SERPsearch engine results page(검색 결과 페이지)에도 제품을 노출시킬 수 있기 때문이다.

구글 검색 결과와 같은 SERP를 활용해서 얻는 이점은 어떤 콘텐츠를 검색하든 인터페이스가 똑같다는 것이다. 특히 일부 보조 기술은 구글 검색에 크게 의존하는데, 구글 검색은 사전에 학습된 인터페이스이기 때문이다. 흔한 기법 중 하나로 site: 접두어를 사용해서 검색 결과를 해당 웹사이트에 국한시키는 방법이 있다.

```
site:shop.the-photography-site.com [search term]
```

우리가 구글 콘텐츠 목록의 외형을 바꿀 수는 없지만 문구를 통제할 수는 있다. 예를 들어 개별 검색 결과에서 `<title>`은 `<h3>` 링크의 두 배를 차지한다. 따라서 '문서' 장에서 설명했듯이 `<title>`의 텍스트를 쉽게 이해할 수 있게 작성하는 일은 더없이 중요하다. 사실 잘 작성된 `<title>` 텍스트는 검색 순위도 높일 수 있다. 그렇다고 스팸 같은 `<title>`을 만들면 안 된다.[19] 구글이 가할 제재 때문만이 아니다. 이 같은 `<title>`은 가독성이 떨어지는 경향이 있고, 따라서 인클루시브하지 않은 콘텐츠를 구성할 가능성이 높다.

우리는 제품을 다루고 있으므로 구조화된 데이터structured data[20]를 사용하여 제품 목록을 개선할 기회를 가질 수 있다. 간단히 말하

---

19 http://www.hobo-web.co.uk/title-tags/#spammy-title-tags
20 https://developers.google.com/structured-data/

면 구조화된 데이터는 구글봇(구글의 기본 크롤러) 같은 프로그램이 파싱할 수 있는 메타 정보를 증가시킨다. 이는 WAI-ARIA의 경우처럼 보조 기술 지원보다는 데이터 아카이브를 위한 것이다.

구조화된 데이터는 사용자에게 직접적인 영향을 미친다. 제품의 가격이나 평점 같은 상세한 정보까지 포함하는 향상된 검색 목록이 만들어지기 때문이다. 이 정보가 검색 결과에 반영됨으로써 그 맥락으로 콘텐츠를 탐색하는 사용자 경험은 향상될 것이다.

제품 단어집

구조화된 데이터는 단어로 분할되어 서로 다른 각종 콘텐츠에 적용될 수 있다. 제품에 포함된 속성들을 정의한 제품 단어집은 http://schema.org/Product에서 찾을 수 있다.

개별 제품에 대한 구조화된 데이터를 포함시킬 최적의 장소는 해당 제품의 퍼머링크 페이지, 즉 '바로 구매' 페이지다. 이 페이지에서 사용자는 아주 자세한 제품 설명을 볼 수 있으며 구매 옵션도 선택할 수 있을 것이다. 이 페이지의 마크업은 다음과 같은 템플릿을 사용한다.

```
<main id="main">
  <h1>
    Naked Man In Garage Forecourt
    <a href="/artist/kenny-mulbarton">by Kenny Mulbarton</a>
  </h1>
  <img src="/images/naked-forecourt-man.jpg" alt="High-contrast black and white image of a naked man nonchalantly leaning against a petrol pump." />
  <dl>
```

```
    <dt>Size:</dt>
    <dd>90cm × 30cm</dd>
    <dt>Price:</dt>
    <dd>€35.95</dd>
    <dt>Rating:</dt>
    <dd><img src="/images/rating_4_5.svg" alt="">4 out of 5
 stars</dd>
  </dl>
  <h2>Choose a payment method</h2>
  <!-- 구매 위젯 -->
</main>
```

이제 이 평범한 마크업에 구조화된 데이터를 포함시켜보자. 여기서는 마이크로데이터(구조화된 데이터의 하나)를 사용하는, 구글이 제공하는 예제[21]를 기반으로 했다.

```
<main id="main" itemscope itemtype="http://schema.org/
Product">
  <h1>
      <span itemprop="name">Naked Man In Garage Forecourt
</span>
      <a href="/artist/kenny-mulbarton">by Kenny Mulbarton</a>
  </h1>
  <img itemprop="image" src="/images/naked-forecourt-man.
jpg" alt="High-contrast black and white image of a naked man
nonchalantly leaning against a petrol pump." />
  <dl>
      <dt>Size:</dt>
      <dd>90cm × 30cm</dd>
      <dt>Price:</dt>
      <dd>
```

---

21 http://smashed.by/richsnippets

```
        <span itemprop="offers" itemscope itemtype="http://
schema.org/Offer">
            <meta itemprop="priceCurrency" content="EUR" />
            €<span itemprop="price">35.95</span>
        </span>
    </dd>
    <dt>Rating:</dt>
    <dd>
        <img src="/images/rating_4_5.svg" alt="">
        <span itemprop="aggregateRating" itemscope
itemtype="http://schema.org/AggregateRating">
            <span itemprop="ratingValue">4</span> stars,
based on <span itemprop="reviewCount">13</span> reviews
        </span>
    </dd>
  </dl>
  <h2>Choose a payment method</h2>
  <!-- 구매 위젯 -->
</main>
```

노트

- `itemscope`라는 불리언 속성과 `itemtype` 참조는 제품 데이터의 맥락을 정의하기 위해 `<main>` 요소에 배치했다.
- `<span>`은 필요한 곳에서 사용하기 위한 속성을 정의하기 위해 새로 추가했다. 바로 `itemprop="name"`인데, 이를 품은 `<span>`에 제품명 'Naked Man In Garage Forecourt'를 정의했다.
- 평점과 가격은 각각 제품 단어집에 있는 'AggregateRating'과 'Offer'를 사용해 정의했다.
- 일부 속성은 텍스트 노드와 같은 시각적 콘텐츠를 기반으로 하

지 않는다. 예컨대 세 문자 부호로 된 ISO 통화 코드 'EUR'가 그렇다. 대신 `<meta>` 태그를 사용해 이 정보를 제공한다. ISO 통화 코드의 전체 목록은 위키피디아에서 확인할 수 있다.[22]
- 구글의 구조화된 데이터 테스팅 도구[23]를 사용하면 속성의 유효성과 적정성 등을 확인하기 위해 구조화된 데이터를 테스트할 수 있다.

구글의 결과 페이지에서 최종 제품은 다음과 같이 보일 것이다.

Naked Man On Garage Forecourt
☆☆☆☆ 17 reviews — €35.95
High contrast black and white image of a naked man nonchalantly leaning against a petrol pump.

다행히 구글은 잠재적 방문자가 접근할 수 있는 추가적인 구조화된 정보를 보장한다. 예를 들어 `<g-review-stars>` 요소에 `aria-label`을 사용하면 평점을 읽게 할 수 있다.

```
<g-review-stars>
   <span class="_ayg" aria-label="Rated 4.0 out of 5">
     <span style="width:66px"></span>
   </span>
</g-review-stars>
```

---

22 https://en.wikipedia.org/wiki/ISO_4217#Active_codes(한글 https://ko.wikipedia.org/wiki/ISO_4217#유효한_코드)

23 https://search.google.com/structured-data/testing-tool

정리

이번 패턴은 최대한 인클루시브한 경험을 위해 제품 목록을 디자인하고 코딩하는 한 가지 방식만을 구성한다. 즉 이 책의 다른 모든 패턴과 마찬가지로 인클루시브 디자인 기술을 연마하기 위한 하나의 구실일 뿐이다. 이전 패턴과 마찬가지로 콘텐츠의 구성과 구조가 가장 중요하다.

그러나 대체 텍스트 구성과 성능의 관점에서 시작해 이미지 접근성에 대해 깊이 살펴본 적은 처음이었다. 또한 넉넉한 데이터 요금제를 쓸 수 없어 이미지를 못 보는 사용자나 우리의 인터페이스가 아닌 외부에서 콘텐츠에 접근하는 사용자를 지원하는 데 인클루시브 디자인의 한계 지점까지 다가가볼 수 있는 기회였다.

피해야 할 사항

- 일관성 없는 구성이나 최적화되지 않은 제품 이미지
- 도움이 되지 않거나 오해할 수 있는 대체 텍스트
- 텍스트 콘텐츠를 많이 담고 있는 블록 수준의 링크
- 제품 이름이 없는 링크 텍스트로 제품 퍼머링크에 연결

"당신이 디자인한 인터페이스에
긍정적인 반응이 하나도 없습니다. 모두 싫어해요."
"그것 참 희한하네요. 난 진짜 좋은데!"

필터 위젯

이전 장에서 우리는 상업적인 변신을 하고, 제품 진열을 위한 패턴을 살펴보았다. 제품의 개별 구성 요소의 마크업과 그 구성 요소의 그룹화는 모두 인클루시브 디자인과 관련해 진행했다. 게다가 검색 엔진의 결과와 같이 우리의 인터페이스가 아닌 외부에서의 접근성도 높였다.

아직 하지 않은 것 중 하나는 사용자가 콘텐츠를 재구성하고 정렬할 수 있는 도구를 제공하는 일이다. 필터filter는 사용자가 정보의 우선순위를 정할 수 있도록 검색을 제어하는 부가적인 차원을 제시하기 때문에 중요한 도구다. 사용자에게 제어권을 주라는 것은 헤니 스완의 기본 원칙 중 두 번째 사항이기도 하다.

1. 사용자에게 선택권을 줄 것
2. 사용자에게 제어권을 줄 것
3. 친근함을 염두에 둔 디자인을 할 것
4. 부가가치가 있는 기능들은 우선순위를 정할 것

이전에 다룬 '내비게이션 영역'과 마찬가지로 필터 위젯도 페이지 콘텐츠를 변경하는 도구로서 메타 콘텐츠에 해당한다. 인클루시브 디자인을 위해서는 시각장애와 키보드 사용자, 잠재적인 성능 이슈, 시각적 명확성을 모두 고려해야 한다.

이 패턴은 점진적 향상을 토대로 하며 CSS와 자바스크립트가 가능하지 않은 상황에서도 작동해야 한다. 물론 인클루시브한 경험 증진과 동시에 두 기술을 신중히 적용해야겠지만 말이다.

모양 미리보기

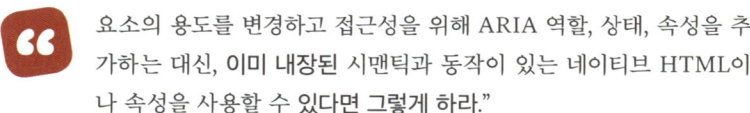

선택된 컨트롤이 색상과 무관하게 강조되어 있다. 따라서 색맹이나 시력이 나쁜 사용자도 어떤 항목이 선택되었는지 구별할 수 있다.

마크업

탭 인터페이스[1]와 같은 복잡한 자바스크립트 위젯은 WAI-ARIA 시맨틱에 의존하며, 또한 키보드 사용자나 스크린 리더 사용자가 완전히 접근 가능한 커스텀 자바스크립트 키보드 바인딩에도 의존한다. 그러나 ARIA의 첫 번째 규칙[2]은 다음과 같다.

> 요소의 용도를 변경하고 접근성을 위해 ARIA 역할, 상태, 속성을 추가하는 대신, **이미 내장된 시맨틱과 동작이 있는 네이티브 HTML**이나 속성을 사용할 수 있다면 그렇게 하라."

표준적인 브라우저의 상호작용 기능은 커스텀 자바스크립트로 만드는 경우보다 더욱 고성능이며 강력하다. 표준을 따를 수 있으면 그렇게 해야 하며, 따라서 이를 살펴볼 가치가 있다.

보통의 해법은 표준 HTML 폼 관련 요소를 활용하는 것이다. 그

---

1 http://heydonworks.com/practical_aria_examples/#tab-interface
2 https://www.w3.org/TR/aria-in-html/#rule1

요소들은 편의를 위해 이미 특별한 시맨틱, 키 바인딩, 작동 방식을 갖고 있다. 자바스크립트를 사용할 수 있는 환경이라는 점이 바퀴를 다시 발명하라는 의미는 아니다.[3]

정렬 위젯은 각자의 고유 레이블과 공유 레이블로 그룹화된 상호 배타적인 옵션들로 구성된다. 그와 같은 구조는 `<fieldset>`과 `<legend>`, 라디오 버튼으로 만들 수 있다. 여전히 제품을 다루고 있는 상황이라고 가정하면 그 위젯은 다음과 같은 마크업으로 되어 있을 것이다.

```html
<form role="form" class="sorter" method="get">
   <fieldset>
      <legend>Sort by</legend>
      <input type="radio" name="sort-method" id="most-recent" value="most-recent" checked />
      <label for="most-recent">most recent</label>
      <input type="radio" name="sort-method" id="popularity" value="popularity" />
      <label for="popularity">popularity</label>
      <input type="radio" name="sort-method" id="price-lowhigh" value="price-low-high" />
      <label for="price-low-high">price (low to high)</label>
      <input type="radio" name="sort-method" id="price-highlow" value="price-high-low" />
      <label for="price-high-low">price (high to low)</label>
   </fieldset>
   <button type="submit">sort</button>
</form>
```

---

3 http://www.heydonworks.com/article/reinventing-the-hyperlink

노트

- `<form>`이 form이라는 ARIA 역할을 하는 것이 직관적이지 않아 보일 수 있지만, 이렇게 함으로써 위젯이 내비게이션 영역에 포함되어 스크린 리더에서 단축키로 탐색할 수 있게 된다. 기본 기능은 자바스크립트 없이도 작동하며 페이지를 새로고침하기 때문에 사용자가 문서의 상단에서 폼으로 되돌아올 수 있게 해준다.
- `<form>`은 'Sort by'라는 레이블 아래 라디오 버튼을 그룹화하기 위해 사용된 하나의 `<fieldset>`을 포함하며 그다음에는 제출 버튼Submit Button이 뒤따른다. `<input>`이 포커스를 받으면 `<legend>`의 콘텐츠가 낭독되며, 그다음에는 `<input>`의 `<label>`이 읽힌다. 처음 시작할 때는 첫 번째 옵션('most recent')에 체크된다. 표준 동작에 의하면 오직 체크된 `<input>`만이 탭을 통해 포커스를 받을 수 있으며, 그러면 "Sort by most recent, selected, radio button, one of four"라고 낭독된다. "Sort by"는 그룹 레이블이고 "most recent"는 요소 레이블이며, "selected"는 요소의 상태이고, "radio button"은 요소의 역할이다. 마지막으로 숫자 4는 `name="sort-method"`를 공유하는 라디오 버튼의 총 개수다.
- 브라우저는 방향키(상하, 좌우)를 사용해 다른 옵션을 선택할 수 있게 한다. 가령 오른쪽 방향키를 누르면 `name="sort-method"` 속성을 갖는 다음 라디오 버튼('poplularity')이 선택되며 포커스가 이동된다. 스크린 리더는 "Sort by popularity, selected, radio button, two of four"와 같은 식으로 낭독할 것이다. 어떤 라디오 버튼을 선택하든 "Sort by"가 읽힌다는 사실에 주목하

자. 이로써 사용자가 현재 페이지를 떠나 다른 페이지 요소에 포커스를 주었다가 다시 돌아오더라도 현재 어떤 옵션이 선택되었든 상관없이 정렬 기능을 사용하고 있었다는 점을 떠올리게 할 수 있다.
- 클라이언트 측 자바스크립트에 의존하지 않고 서버에서 페이지를 재구성하기 위해 이 단계에서는 폼에 GET 메서드를 사용했다. 예를 들어 'poplularity' 옵션으로 폼을 제출한다면 `?sort-method= popularity`라는 쿼리 매개변수로 페이지가 구성된다. 자바스크립트와 관련된 사용자 경험은 추후 향상시켜볼 예정이다.

CSS 향상

우리는 일반적이고 잘 입증된 마크업으로 정렬 위젯을 디자인했으므로 키보드와 스크린 리더 사용자에 대한 접근성을 이미 보장하고 있다. 또한 자바스크립트에 대한 의존성이 없으며 친숙한 형태를 취하고 있다.

표준 라디오 버튼의 인클루시브한 본질에도 불구하고 버튼이 제공하는 스타일은 제한적이다. 이는 버튼 대신 완전한 비접근성의 `<div>`와 `<span>` 기반의 해법 또는 상대적으로 깨지기 쉽고 복잡한 WAI-ARIA 기반의 구현을 하는 이유다.

그러나 내가 "라디오 버튼을 대체하지 않고 라디오 버튼을 대체하기Replacing Radio Buttons Without Replacing Radio Buttons"[4]에 쓴 것처럼

---

[4] http://smashed.by/radio-buttons

럼 실제로는 `<input type="radio">` 요소에 직접 스타일을 적용하지 않아도 된다. 대신 프록시로서의 `<label>`에 스타일을 적용할 수 있다.

다음 구조에서 `for`와 `id`의 관계는 `<label>`을 클릭할 때 연결된 `<input>`이 작동함을 의미한다. 즉 `<label>`은 `<input>`의 클릭 영역을 확장한다.

```html
<input type="radio" name="sort-method" id="most-recent"
value="most-recent" checked />
<label for="most-recent">most recent</label>
```

이는 터치 사용자를 위한 더 넓고 인체공학적인 영역을 제공할 뿐 아니라 `<input>`의 `:focus`와 `:checked` 상태를 나타내기 위해 CSS를 사용할 수 있게 한다. 레이블에 상태를 전달하기 위해 결합자 combinator(+)를 사용했음을 주목하기 바란다.

```css
[type="radio"] + label {
  cursor: pointer;
  /* 기본 스타일 */
}

[type="radio"]:focus + label {
  /* 포커스를 받았을 때 스타일 */
}

[type="radio"]:checked + label {
  /* 선택되었을 때 스타일 */
}
```

이로써 모든 상호작용과 시각적 피드백이 레이블에 적용되었으므로 이제 안심하고 못생긴 라디오 버튼을 뷰에서 감출 수 있다.

```css
.sorter [type="radio"] {
  position: absolute !important;
  width: 1px !important;
  height: 1px !important;
  padding:0 !important;
  border:0 !important;
  overflow: hidden !important;
  clip: rect(1px, 1px, 1px, 1px);
}
```

정리하면 HTML과 CSS로 할 수 있는 일을 자바스크립트와 WAI-ARIA로 대체하지 않아야 한다. 참고로 마크 오토 Mark Otto는 "빌어먹을 폼?WTF, forms?"[5]에서 체크박스, `<select>` 요소, 파일 입력과 관련해서도 CSS로 향상시킬 수 있는 방법을 제공한다.

자바스크립트 향상

우리가 고안한 패턴은 이미 기능적으로 완벽하며 튼튼하다. 그러나 조금은 한물간 모습이라고 말하는 것이 옳을 듯하다. 자바스크립트를 사용할 수 있는 사용자에게는 사용자 경험을 더욱 향상시켜주어야 하기 때문이다. 그러나 자바스크립트를 사용할 수 있다고 해서 모든 것을 폐기하고 새로 작성해야 한다는 의미는 아니다. 이미 기초는 튼튼하다. 자바스크립트 없이도 잘 작동하는 부분을 일부러

---

5 http://wtfforms.com/

다시 만들 필요는 없다.

지금은 사용자가 새로운 필터 옵션을 선택하고 정렬 버튼을 누르면 페이지가 새로고침된다. 지금쯤이면 이것이 스크린 리더와 키보드 사용자에게 어떤 의미인지 알 것이다. 페이지의 모든 정보를 다시 듣거나, 상호작용하고 있던 콘텐츠로 오기 위해 문서의 처음부터 다시 출발해야 한다. 아니면 둘 다 해야 한다.

따라서 가능하면 XHR XML Http Request[6]를 통해 콘텐츠가 다시 채워지게 해야 한다. 그렇게 하면 페이지를 새로고침하지 않아도 새 콘텐츠가 추가되며, 포커스가 그대로 남아 있으므로 키보드 사용자는 위젯에서 콘텐츠로 바로 진행할 수 있게 된다.

대기

콘텐츠가 로딩이 지연되고 있으며 시간이 필요함을 사용자에게 알려주는 전형적인 로딩 이미지들이 있다. 대개 다음과 같이 생겼다.

문제는 이런 이미지가 정상적인 시력의 사용자에게만 구별된다는 점이다. 콘텐츠를 불러오는 중임을 알리는 일은 스크린 리더 사용자에게도 중요하다.

WAI-ARIA는 이런 종류의 문제 해결을 위해 실시간 영역live region[7]이라는 개념을 제공한다. 일반적으로 스크린 리더는 다음의 경우에만 콘텐츠를 낭독한다.

- 사용자나 프로그램이 요소에 포커스를 주는 경우

---

[6] http://smashed.by/xmlhtml
[7] https://www.w3.org/TR/wai-aria/#dfn-live-region

- 사용자가 스크린 리더의 내비게이션 명령(예컨대 NVDA에서 9를 눌러 다음 줄을 읽게 하는 등)을 사용해 요소를 탐색하는 경우

그러나 실시간 영역은 콘텐츠가 변경되면 콘텐츠를 읽는다. 이는 실제로 스크린 리더 사용자에게 현재 장소를 벗어나지 않고도 해설을 제공할 수 있다는 의미다. 정렬 버튼이 눌리면 "제품을 불러오고 있으니 잠시 기다려주십시오"라는 메시지를 실시간 영역에 띄워주면 된다.

```
<div aria-live="assertive" role="alert">
  Please wait. Loading products.
</div>
```

그다음에 제품 로딩이 완료되면 이를 알려주는 정보로 실시간 영역의 콘텐츠를 바꾸어주면 된다.

```
<div aria-live="assertive" role="alert">
  Loading complete. 23 products listed.
</div>
```

노트

- aria-live="polite"[8] 속성은 status[9] 역할과 똑같다. 두 가지 모두 각종 플랫폼과 스크린 리더에 걸쳐 호환성을 최대화하기 위해 제공되지만 일부의 경우에는 둘 중 하나만 인식될 수

---

8 https://www.w3.org/TR/wai-aria/#aria-live
9 https://www.w3.org/TR/wai-aria/#status

있다.
- DOM을 조작하는 간단한 자바스크립트를 사용해 실시간 영역을 메시지로 채울 수도 있다. 예컨대 `liveElement.textContent = 'message'` 등과 같은 식으로 말이다.
- 역시 동일한 의미인 `assertive`와 `alert`는 실시간 영역의 새 메시지를 알리기 위해 스크린 리더의 현재 낭독이 중단될 수 있다는 뜻이다. 즉 사용자가 다른 콘텐츠를 읽기 위해 위젯에서 멀어졌을 수 있기 때문에 제품에 대한 콘텐츠가 준비되었음을 알릴 수 있다는 말이다. 이와는 조금 다르게 `polite`와 `status`는 스크린 리더의 현재 낭독이 완료된 후에 실시간 영역의 콘텐츠를 읽는다는 의미다.
- 애플리케이션의 경우에는 실시간 영역의 콘텐츠를 다른 메시지의 두 배 크기로 보여줄 수도 있다. 그러나 로딩 이미지가 이미 역할을 하고 있는 상태다. 그럴 때는 실시간 영역을 뷰에서 감춤으로써 시각적이지 않은 경우에만 사용되게 할 수 있다. 다시 말하지만 스크린 리더가 접근 가능한 숨김 기법[10]을 떠올리기 바란다.
- 디큐는 실시간 영역의 다양한 설정을 테스트해볼 수 있는 연습장[11]을 제공한다. 맥 사용자라면 사파리에서 연습장 사이트를 열고 보이스오버(command + F5 키)를 실행해 테스트하는 것이 가장 빠른 방법이다.

---

10 http://smashed.by/hidingcontent
11 http://smashed.by/contentfeedback

제출 버튼의 퇴출

아직 GET 방식의 제출 기능을 만들지 않았으므로 이제 제출 버튼의 기본 폼 제출 기능을 억제함으로써 페이지 새로고침을 예방할 필요가 있다. 이는 `submit` 이벤트를 잡아챔으로써 가능하다.

```
var sortForm = document.querySelector('.sorter');
sortForm.addEventListener('submit', function(event) {

    // 폼 제출을 XHR로 처리할 것이므로
    // 브라우저의 폼 제출은 잠시 미루어둔다.
    event.preventDefault();

    // XHR 처리 부분
});
```

이는 제출 버튼의 필요 여부에 대한 질문을 하게 만든다. 아마도 더욱 신속하게 하기 위해 제출 버튼을 제거하고 이벤트가 발생할 때 XHR 기능을 사용하게 만들 수도 있다.

```
var sortForm = document.querySelector('.sorter');
sortForm.addEventListener('change', function(event) {
    if (event.target.type !== 'radio') {
        return;
    }

    this.submit();
}, true);
```

이미 라디오 컨트롤을 버튼처럼 보이게 스타일을 적용했으며 로딩 이미지와 실시간 영역을 통해 명확한 피드백을 제공하고 있으므로 이와 같은 일은 안전한 행동 방침으로 보인다. 그러나 이 장 초반에서 언급한 사용자에게 제어권을 준다는 원칙을 유념해야 한다. 명시적인 제출 행위를 없앤다면 일부 사용자에게는 의도하지 않게 XHR이 촉발될 수 있다. 그들은 자신들의 제어권을 박탈당한 것으로 느낄 것이며 이 인터페이스에 대한 신뢰를 저버리게 될 것이다.

게다가 키보드 사용자의 경우 라디오 옵션 사이를 방향키로 이동한다. 한 번 키를 누르면 누르면 근접한 라디오 버튼에 포커스가 갈뿐 아니라 선택도 된다.

이는 옵션 사이에서 어느 방향으로든 한 번 움직일 때마다 세 번의 `change` 이벤트를 발생시킨다는 의미다.

물론 `change` 이벤트를 `click` 이벤트로 바꿈으로써 XHR의 기능을 마우스와 터치 사용자로 한정시키는 방법도 가능하다.

```
var sortForm = document.querySelector('.sorter');
sortForm.addEventListener('click', function(event) {
   if (event.target.type !== 'radio') {
      return;
   }

   this.submit();
}, true);
```

이는 곧 버튼이 없으므로 키보드 사용자가 Enter 키를 사용해 폼을 제출할 것임을 확신한다는 의미밖에 안 된다. 그러나 일부 플랫폼(특히 iOS)에서는 제출 버튼이 존재하지 않으면 폼 제출을 할 수 없다는 점 때문에 제출 버튼을 제거하는 일이 단순하지 않다는 점을 주의해야 한다. 결국 어떤 경우든 `.visually-hidden` 클래스와 `tabindex="-1"`을 사용해 버튼에 포커스가 가지 못하게 만들었어야 한다.

```
<button type="submit" class="visually-hidden"
    tabindex="-1">sort</button>
```

이런 조치까지 마쳤다 하더라도 사용자 테스트에서 실제로 사용자가 이런 개선을 이해하거나 좋아할지는 여전히 의문이다. 인클루시브 디자인에 대한 결정을 올바로 확정하기 위한 가장 좋은 방법은 다양한 테스트 그룹을 모집하는 것이다.

> 광범위한 사용자 테스트 모집 과정의 일부로 장애인을 참여시켜라. 비록 그 수가 적을지라도 다양한 장애와 보조 기술을 포착하는 것을 목표로 해야 한다."
>
> — 영국 정부 디지털 서비스

영국 정부 서비스 매뉴얼에는 표준 사용자 테스트를 보완하는 접근성 테스트에 대한 유용한 자료가 있다.[12] 시간 절약을 위해 한마디로 말하자면, 메인 테스트 그룹에 반드시 다양한 사용자를 포함시켜야 한다는 내용이다.

더 많은 결과의 로딩

만약 대량의 제품 목록을 갖고 있다면 일부 검색어나 필터의 경우 상당한 수의 결과와 일치할 수도 있다. 그 모든 결과를 한 번에 가져

---

12 http://smashed.by/a11ytesting

와 렌더링한다면 심각한 성능 병목현상을 일으킬 수 있으며 위협적이고 불편한 페이지를 만들어낼 수 있다. 따라서 먼저 소량의 결과를 로딩하고 사용자가 필요로 할 때 다시 그다음 결과를 가져오는 것이 훨씬 낫다. 여기에는 몇 가지 방법이 있을 수 있다. 그중 하나는 무한 스크롤이다. 이 방법은 인클루시브 디자인과 관련해 일부 심각한 문제가 있다.

무한 스크롤

무한 스크롤infinite scroll[13] 패턴은 현재 콘텐츠의 끝에 도달했을 때 사용자의 스크롤 행위를 포착해 새로운 콘텐츠를 자동으로 로딩하게 하는 방법이다. 이 방법의 목적은 사용자가 별도의 행위를 하지 않고도 새로운 콘텐츠의 연속성을 제공하기 위함이다. 그러나 무한 스크롤은 매우 신중히 구현하지 않는다면 서로 다른 사용자 입력 방식에 불만스러운 결과를 주기 쉽다.

어떤 마우스 사용자는 스크롤바의 핸들(또는 슬라이더)을 드래그해 페이지를 스크롤한다. 새 결과가 로딩되면 그 핸들은 콘텐츠 크기에 따라 위로 올라간다. 그다음에는 핸들이 얼마나 위로 올라갔는지 신경 쓰지 않은 상태에서 스크롤바의 트랙(핸들의 경로)을 클릭하면 페이지가 갑자기 내려가게 된다. 이는 아직 읽지 않은 콘텐츠를 지나치기 쉬운, 직관적이지 않은 짜증나는 경험이다.

데릭 페더스톤Derek Featherstone은 자신의 글[14]에서 무한 스크롤은 키보드 사용자에게도 불만스러운 경험이라고 밝혔다. 예컨대 연속

---

13 http://smashed.by/infinitescroll
14 http://simplyaccessible.com/article/infinite-scrolling/

적으로 나열되는 각 아이템 안에 '바로 구매'와 같은 상호작용 요소가 있는 상황에서 현재 위치가 페이지 하단이라면, 포커스 가능한 요소가 자동으로 계속 추가되므로 Shift + Tab 키를 사용해 메인 콘텐츠를 향해 다시 거꾸로 올라가는 것이 불가능하다.

데릭은 이에 대한 두 가지 방안을 제시하는데, 그중에서 반복해 언급한 방법을 권하고 있다.

1. 그냥 무한 스크롤을 구현하지 마라.
2. 처음에는 자동 무한 스크롤 대신 '더 많은 결과 보기' 버튼이나 링크를 넣어 사용자가 직접 조작하게 만들어라. 사용자가 그것을 두세 번 반복했다면 그때 자동 로딩 여부를 선택하게 하라.
3. 아니다. 정말 그냥 무한 스크롤을 만들지 마라.

'더 보기' 버튼

반드시 `<button>`이어야 하는 '더 보기load more' 버튼은 현재 잘려 있는 결과의 끝부분에 있으며 버튼을 클릭하면 XHR를 통해 다음 결과를 로딩한다.

```
    <li><!-- 끝에서 두 번째 아이템 --></li>
    <li><!-- 마지막 아이템 --></li>
</ul>
<button data-load-more>Load more</button>
```

새 콘텐츠가 렌더링된 다음에는 키보드 포커스가 `data-load-more` 버튼에서 새로 로딩된 첫 아이템으로 이동되는 것이 중요하다. 그렇지 않으면 사용자의 뷰가 바뀌지 않으며 추가된 콘텐츠로 인해 이미 화면 밖으로 나가버린 `data-load-more` 버튼에 포커스가 그대로 남아 있게 되기 때문이다.

많은 경우 버튼에서 포커스만 없애고 다른 곳으로 보내지 않는다는 점에 주목하기 바란다. 이는 브라우저가 포커스를 어디에 둘지 몰라서 문서 자체에 포커스를 주었기 때문이다. 그 결과 스크린 리더나 키보드 사용자는 곧장 페이지 콘텐츠의 첫 부분으로 이동하게 된다.

여기서 효과적인 방향은 새로 반환된 제품의 제목(`<h3>`)으로 포커스를 전환하는 것이다. 그렇게 하면 그 제품은 뷰포트 상단에 위치할 것이며(정상 시력인 모든 사용자에게도 이득이다) 스크린 리더는 새로운 첫 번째 제품의 이름인 `<h3>`의 텍스트를 읽게 될 것이다.

주목할 것은 `tabindex="-1"`을 첫 번째 아이템의 `<h3>`에 적용함으로써 자바스크립트의 `focus()` 메서드로 포커스를 받을 수 있게 해야 한다는 점이다. 만약 `tabindex="0"`을 사용한다면 키보드 사용자가 직접 포커스를 줄 수 있게 된다. 이런 경우 `<h3>`가 상호작용 요소가 아니기 때문에 사용자 포커스를 받을 수 있도록 하는 것은 바람직하지 않다.

`<h3>`가 포커스를 가질 수 있게 하는 이유는 오직 사용자를 올바른 맥락에 위치시키고 스크린 리더의 낭독을 호출할 수 있게 하기 위해서다. 포커스를 받은 `<h3>`에서 Tab 키를 누르면 사진작가 링크로, 한 번 더 누르면 '바로 구매' 링크로 포커스가 이동할 것이다.

```
<li>
    <h3 tabindex="-1"> <!-- 제목이 포커스를 가질 수 있게 한다. -->
        Naked Man In Garage Forecourt
        <a href="/artist/kenny-mulbarton">by Kenny Mulbarton</a>
    </h3>
```

```html
      <img src="/images/naked-forecourt-man.jpg" alt="high contrast black and white image of a naked man nonchalantly leaning against a petrol pump." />
      <dl>
        <dt>Size:</dt>
        <dd>30cm × 90cm</dd>
        <dt>Price:</dt>
        <dd>€35.95</dd>
        <dt>Rating:</dt>
        <dd><img src="/images/rating_4_5.svg" alt="">4 out of 5 stars</dd>
      </dl>
      <a href="/product/naked-man-in-garage" class="call-to-action">
        Buy <span class="visually-hidden">Naked Man In Garage Forecourt</span> Now
      </a>
  </li>
  <li>
    <!-- 두 번째로 반환된 제품 -->
  </li>
  <li>
    <!-- 기타 등등 -->
  </li>
```

사용자가 필터 옵션을 선택하면 XHR가 실행된다. 따라서 로딩 이미지와 실시간 영역을 제공해야 하는데, 여기서는 '더 보기' 버튼의 텍스트 노드를 로딩 이미지로 대체할 수 있다. 이벤트는 다음과 같은 순서로 진행되어야 한다.

1. 사용자가 '더 보기' 버튼을 클릭한다.
2. 버튼의 텍스트는 'Loading:'으로 바뀌며 더 이상 클릭할 수 없게 설정된다. 이는 현재 로딩 상태로 파악될 경우(예컨대 버튼의

textContent에 'Loading'이 있는 경우) 클릭 이벤트를 받아서 단순히 return을 시키는 방법으로 구현할 수 있다.
3. 숨겨진 실시간 영역에서 'Loading more products'가 낭독된다.
4. XHR가 처리된다.
5. 처리가 완료되면 콘텐츠가 렌더링된다.
6. 실시간 영역에서 'Products loaded'가 낭독된다.
7. 버튼에 있었던 포커스는 새로 로딩된 첫 번째 제품으로 이동한다. '내비게이션 영역'에서 설명한 것처럼 부드러운 스크롤을 적용할 수 있다.
8. '더 보기' 버튼의 원래 텍스트 노드가 복귀되며 다시 click 이벤트를 처리할 수 있는 상태가 된다.

 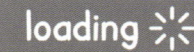

'더 보기' 버튼의 초기 상태(왼쪽)와 클릭된 이후의 상태(오른쪽)

무한 스크롤은 사용자의 스크롤 동작을 가로채 예상하지 못한 동작을 수행하며 사용자 제어권을 빼앗고 사용자 경험을 약화시킨다. '더 보기' 버튼은 사용자가 편의에 따라 명시적으로 조작할 수 있게 하며, 따라서 헤니 스완의 두 번째 UX 원칙, "사용자에게 제어권을 줄 것"이라는 사항을 준수한다.

보기 옵션

일반적으로 디자이너는 자신의 임무로서 사용자의 요구 사항을 예측하고 사용자를 대변하는 똑똑한 결정을 내린다. 그것이 바로 디자인이지 않은가? 그러나 다음과 같은 문제들과 씨름할 수밖에 없다.

- 서로 다른 취향을 가진 사용자들
- 서로 다른 상황에 맞닥뜨린 사용자들

사용자 입장에서 내리는 결정 중 한 예는 뷰포트 `<meta>` 태그에서 `user-scalable=no`를 사용해 확대나 축소를 못 하게 하는 것이다. 이는 사용자에게 맞는 폰트 크기와 확대 수준을 제시하고 사용자 스스로 조정하지 못하게 한, 사용자를 위한 결정이다. 그러나 불가피한 다양성이 주어진 상황에서 대담하면서도 무모한 행위라 할 수 있다.

물론 일부 사항에 대해서는 여전히 독립적으로 결정을 내려야 한다. 디자인의 모든 부분에 대해 사용자 조사를 통해 직접 입수하지 못하기 때문이다. 그러나 다음 기준을 따름으로써 신뢰도를 높일 수 있다.

- 관례 널리 채택되고 있는 패턴, 디자인, 언어를 사용할 것
- 선택 사용자가 소비 방법을 선택할 수 있게 할 것

필터 위젯 패턴을 완성하기 위해 필터링된 콘텐츠를 표시하는 방법에 대해 선택권을 사용자에게 제공할 것이다.

리스트 대 그리드

필터 인터페이스에서 마지막으로 개선할 사항은 결과를 표시하는 형태로서 사용자가 리스트나 그리드를 선택할 수 있게 해주는 것

이다. 그렇게 함으로써 사용자는 자신의 인지적 필요에 맞게 화면 표시 방법을 고를 수 있다. 리스트는 간단한 형식이지만 어쩔 수 없이 세로로 길어질 수밖에 없다. 반면 그리드는 전체적인 개괄을 보기에는 더 좋지만 뷰포트 안에 더 많은 정보를 한 번에 압축해 넣어야 한다.

이를 적용한 필터 위젯은 다음과 같은 식으로 보일 것이다.

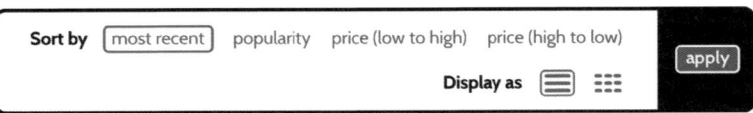

제출 버튼은 이제 'apply'로 읽히도록 바뀌었다. 정렬과 보기 옵션을 모두 포함하는 더 큰 의미의 '적용'을 채택한 것이다.

다음은 보강된 필터 위젯의 마크업이다.

```
<form role="form" class="sorter" method="get">
  <fieldset>
    <legend>Sort by</legend>
    <input type="radio" name="sort-method" id="most-recent" checked />
    <label for="most-recent">most recent</label>
    <input type="radio" name="sort-method" id="popularity" />
    <label for="popularity">popularity</label>
    <input type="radio" name="sort-method" id="price-lowhigh"/>
    <label for="price-low-high">price (low to high)</label>
    <input type="radio" name="sort-method" id="price-highlow"/>
    <label for="price-high-low">price (high to low)</label>
  </fieldset>
  <fieldset>
    <legend>Display as</legend>
    <label for="list">
```

```
      <svg>
        <use xlink:href="#list-icon"></use>
        <text class="visually-hidden">a list</text>
      </svg>
    </label>
    <input type="radio" name="display-as" id="list"
value="list" checked />
    <label for="grid">
      <svg>
        <use xlink:href="#grid-icon"></use>
        <text class="visually-hidden">a grid</text>
      </svg>
    </label>
    <input type="radio" name="display-as" id="grid"
value="grid" />
  </fieldset>
  <button type="submit">apply</button>
</form>
```

노트

- "Display as"가 기존의 필터 옵션과 구분되게 자신만의 `<field-set>`을 갖게 했다.
- 리스트와 그리드 아이콘은 인라인 SVG로 적용했으며 시각적으로 감추어진 `<text>` 요소를 통해 각 라디오 버튼의 스크린 리더가 접근할 수 있는 레이블 텍스트를 제공했다.
- 보기 옵션이 선택되면 스크린 리더는 가장 먼저 `<legend>`를, 그다음에는 `<label>`을, 그리고 마지막으로 추가 정보를 낭독한다. 즉 리스트 아이템에 포커스가 가면 "Display as a list, radio button, selected"와 같은 식으로 읽힐 것이다.

- 제출 버튼 레이블을 'sort'에서 'apply'로, 즉 '정렬'에서 '적용'으로 변경했다. '적용'이라는 표현은 정렬 옵션과 보기 옵션을 포괄해 적용할 수 있기 때문이다. 말장난은 이해해주기 바란다.

자동 조절 그리드

레이아웃 측면에서 리스트든 그리드든 관계없이 마크업에서 제품은 항상 리스트(`<ul>`)로 존재해야 한다. 형식이 리스트든 아니든 사용자는 리스트 시맨틱에서 이득을 보기 때문이다. 이는 또한 클라이언트 측 DOM 작업도 줄여준다. 단일 칼럼은 `.list-display`로, 다중 칼럼은 `.grid-display`로 상위 `<ul>` 아이템의 클래스만 바꾸어주면 되기 때문이다.

"칼럼 수를 몇 개로 해야 하는가?"라는 질문에 반응형 디자인에서의 답은 "남은 공간에 따라서"이다. 보통 칼럼 수를 뷰포트의 너비에 대응시켜 진행한다. 즉 뷰포트가 넓을수록 칼럼 수를 늘릴 수 있는 여지가 생긴다. 이 경우 수많은 미디어 쿼리를 작성해야 하며 레이아웃 문제를 끊임없이 신경 써야 한다.

플렉스박스를 사용하면 `flex-basis`를 통해 요소 수준에서 이상적인 너비를 정의할 수 있다. `flex-grow`와 `flex-shrink`를 가동시킴으로써 그리드 요소는 이런 이상적인 너비 단위로 확장되거나 축소될 수 있다. 또한 뷰포트 크기가 무한하더라도 완전하고 정렬된 그리드가 유지된다.

```
.grid-display {
  display: flex;
  flex-direction: row;
  flex-wrap: wrap;
```

```
}
.grid-display li {
  flex-grow: 1;
  flex-shrink: 1; /* 기본값 */
  flex-basis: 10em;
}
```

노트

- `flex-basis` 값은 기준에 해당하는데, 이는 플렉스박스 알고리즘이 개별 아이템에 적용할 이상적인 너비를 뜻한다. 각 아이템은 기본적으로 `10em`의 너비를 갖지만 `flex-grow`가 설정되어 있다면 남은 공간을 완전히 나누어 갖게 된다.
- `flex-basis` 값을 `em` 단위로 설정함으로써 폰트 크기에 상대적이 되게 했다. 이는 칼럼의 자동 리플로가 폰트 크기에 민감하게 반응한다는 의미다.
- `flex-grow` 값이 1이라는 것은 각 아이템 너비가 `10em`이 넘더라도 모든 공간을 채우도록 팽창한다는 의미다.
- `flex-shrink` 값이 1이라는 것은 필요하다면 각 아이템을 수축시킨다는 의미다. 사실 기본값이 1이므로 이 속성을 생략해도 된다.
- `flex-wrap` 값이 `wrap`이라는 것은 공간이 충분하지 않을 때 다음 줄까지 사용하겠다는, 즉 줄 바꿈이 가능하다는 의미다.

적절한 폭의 보장

앞서 자동 조절 그리드 시스템을 구축했다. 아주 적은 코드로 무한히 넓은 뷰포트라 할지라도 콘텐츠가 깨지지 않게 보장한 것이다. 이는 매우 수준 높은 인클루시브 레이아웃 전략이다.

이제 남은 것은 콘텐츠가 가독성을 유지하도록 하는 일이다. '단락' 장의 내용을 기억한다면 폭이 너무 넓어지도록 허용해서는 안 된다. 넓은 뷰포트일수록 위험하며, 특히 줄 바꿈이 적용되어 마지막 아이템이 한 줄을 전부 차지하는 경우가 발생할 수도 있다.

다음 개선된 코드 예제에서는 아이템의 `max-width`를 `20em`으로 제한했다. 또한 대칭을 위해 콘텐츠가 중앙을 중심으로 모이도록 플렉스 컨테이너에 `justify-content: center;`를 선언했다.

```css
.grid-display {
  display: flex;
  flex-direction: row;
  flex-wrap: wrap;
  justify-content: center;
}

.grid-display li {
  flex-grow: 1;
  flex-basis: 10em;
```

```
    max-width: 20em;
}
```

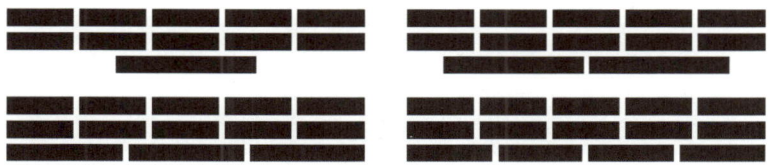

이제 그리드 아이템은 가로축의 중앙에 모이며 너비가 20em을 넘지 못하게 되었다.

플렉스박스가 강력한 이유는 알고리즘적으로 작동하기 때문이다. 가장 좋은 결과를 얻으려면 앞 예제에서 10em과 20em 값을 조정해야 한다.

(**참고** : 인터넷 익스플로러10과 인터넷 익스플로러11은 포커스 가능한 자식 아이템을 클릭해도 부모인 플렉스 컨테이너에 포커스가 가는 불쾌한 버그가 있다. 이 문제는 ally.js 라이브러리로 해결할 수 있다.)[15]

왼쪽 방향 그리드

'문서' 장에서 말했듯이 웹 페이지 언어를 선언하는 일은 중요하다. 보조 기술과 번역 도구가 이를 최대한 활용하기 때문이다. 국제적인 사용자를 포괄하는 것은 인클루시브 디자인의 커다란 발전 요인 가운데 하나다. 그런데 아랍어 같은 일부 언어는 영어처럼 왼쪽에서 오른쪽으로 읽는 방식과 다르게 오른쪽에서 왼쪽으로 읽는 방식이

---

15 https://allyjs.io/api/fix/pointer-focus-children.html

다. `lang` 속성과 나란하게 `dir` 속성을 추가함으로써 텍스트 방향을 설정할 수 있다.

```
<htmllang="ar" dir="rtl">
```

플로트 기반 CSS 레이아웃은 이 장치에 영향을 받지 않는다. 따라서 플로트 콘텐츠의 레이아웃은 수동으로 방향을 뒤집어주어야 한다.

```css
.content {
  float: left;
  width: 60%;
}

[dir="rtl"] .content {
  float: right;
}
.sidebar {
  float: right;
  width: 40%;
}

[dir="rtl"] .sidebar {
  float: left;
}
```

플렉스박스는 오히려 멋지게 자동으로 방향을 처리해준다. `dir`를 `rtl`로 지정한 문서 내의 모든 플렉스 컨테이너는 콘텐츠의 각 행을 오른쪽부터 왼쪽으로 보여준다. 또한 `flex-direction` 속성값을 `row`나 `row-reverse`로 지정할 수도 있다.

문서 설정은 왼쪽 방향이지만 그리드는 반드시 오른쪽 방향으로 설정하고 싶다면 플렉스 컨테이너에 `direction` 속성을 사용해서 강제할 수 있다.

```css
.grid-display {
  display: flex;
  direction: ltr;
  flex-direction: row;
  flex-wrap: wrap;
  justify-content: center;
}
```

(**참고**: 이와 같은 자동 방향 전환은 `<table>` 요소의 칼럼 순서에도 적용된다. 잘못된 시맨틱 정보를 보조 기술로 전달하는 `<table>` 요소 자체를 이 책에서는 사용하지 않지만 말이다.)

동적 콘텐츠에 대한 내성

여전히 우리는 디자인 대상인 콘텐츠를 염두에 두어야 한다. 그러나 지금까지 어법과 말투를 다루었으므로 이제 변동하는 양에 대해 잠시 생각하는 시간을 가져보자.

오늘날 인터페이스 컴포넌트를 정적 모형으로 만드는 일을 하지 않는 주된 이유 중 하나는 그런 모형이 너무 최적화된 콘텐츠만을 보여주는 경향이 있기 때문이다. 예컨대 미리 정한 길이의 사람 이름이나 다섯 줄로만 구성된 내용 등 말이다. 프런트엔드가 구축되면 드디어 레이아웃에 예상하지 못한 영향을 미치는 가변 콘텐츠로 인한 문제가 발생하게 된다.

프로토타입 단계에서 그리드 인터페이스가 콘텐츠의 가변적인 양에 내성을 갖도록 forceFeed.js[16]와 같은 도구를 사용할 수 있다. 이 스크립트는 제시된 레이아웃에 특정 매개변수를 조건으로 무작위로 배열된 콘텐츠를 채울 수 있게 한다.

예를 들어 각기 다른 이름에 대한 인터페이스의 내성을 테스트하고 싶다면 다음과 같이 사진작가 링크의 `<cite>`에 `data-forcefeed` 속성을 추가해 사용할 수 있다.

```
<a href="/artist/kenny-mulbarton"> by <cite data-forcefeed="words|2">Kenny Mulbarton</cite></a>
```

매개변수 `words`는 서로 다른 길이의 단어를 의미한다. 매개변수 2는 무작위 단어의 개수를 의미한다. 대부분 이름이 성과 이름인 두 단어로 이루어지므로 이 값은 타당해 보인다. 이를 페이지에 있는 모든 사진작가의 `<cite>`에 적용하려면 먼저 forceFeed.js를 포함시킨 다음 스크립트를 넣으면 된다.

여기서는 편의상 짧은 로렘 입숨lorem ipsum(채우기 텍스트) 단어들을 사용했지만 원하는 어떤 단어로든 채울 수 있다.

```
window.words = ['loem', 'ipsum', 'dolor', 'sit', 'amet',
'adipsing', 'consectetur', 'elit', 'sed', 'commodo',
'ligula', 'vitae', 'mollis', 'pellentesque', 'condimentum',
'sollicitudin', 'fermentum', 'enim', 'tincidunt'];

var cites = document.querySelectorAll('cite');
```

---

16 https://github.com/Heydon/forceFeed

```
[].forEach.call(cites, function(cite) {
  cite.addAttribute('data-forcefeed', 'words|2');
});
forceFeed({words: window.words});
```

이런 단어 조합에 대한 내성을 테스트하는 방법은 간단하다. 페이지를 반복적으로 로딩하면서 단어들의 무작위 조합이 이상한 줄바꿈 동작을 일으키는지, 어떻게 레이아웃을 깨뜨리는지 확인하면 된다.

제품 제목

forceFeed.js에는 또 다른 면이 있다. x개에서 n개 사이의 아이템을 추가할 수 있다는 점이다. 이를 이용해 제품 제목에 대한 동적 콘텐츠를 테스트할 수 있다.

forceFeed.js가 작동하려면 이를 감싸는 요소가 있어야 한다. 따라서 제목을 둘러싼 `<span>`에 스크립트를 놓아보자.

```
<h3 tabindex="-1"> <!-- 제목이 포커스를 가질 수 있게 한다. -->
  <span data-forcefeed="words|1|10">Naked Man In Garage Forecourt</span>
  <a href="/artist/kenny-mulbarton"> by <cite data-forcefeed="words|1">Kenny Mulbarton</cite></a>
</h3>
```

`words|1|10`과 같이 두 숫자가 주어지면 스크립트는 첫 번째 숫자와 두 번째 숫자 사이의 개수로 텍스트 노드에 아이템을 추가한다. 단어 개수가 한 개에서 열 개 사이 정도의 가변성이라면 제목으로 예상할 만하다.

이제 페이지로 돌아가 새로고침하고 어떤 시각적 파손에도 그리드가 잘 버티는지 확인하면 된다. 보통은 아이템의 높이가 달라지게 만들거나 박스를 벗어나는 중요한 콘텐츠를 줄 바꿈하지 못하는 등의 문제가 발생할 수 있다.

정리

이번 패턴에서는 두 가지를 얻었다. 첫째, HTML은 때때로 우리가 불필요하고 빈약하게 다시 만들고 있는 무언가를 이미 제공하고 있다는 점이다. 둘째, 시맨틱 HTML을 사용할 때 CSS는 점진적 향상의 역할을 할 수 있다는 점이다. 추가로 콘텐츠를 정리할 수 있는 선택권과 제어권을 사용자에게 제공하는 일의 중요성을 확인했다.

또한 가변적인 분량의 동적 콘텐츠에 대해 내성을 갖게 만드는 디자인 기법도 몇 가지 알아보았다. 이 책에서 계속 살펴본 것처럼 인클루시브 디자인은 콘텐츠 전달이라는 본질에 너무 엄격하지 않은, 다분히 시각적인 디자인을 의미하기도 한다.

피해야 할 사항

- HTML이 이미 제공하는 사항을 자바스크립트로 만들기
- 오른쪽에서 왼쪽으로 읽는 언어를 지원하지 않는 그리드
- 무한 스크롤
- 최적의 콘텐츠를 사용하는 프로토타입 만들기

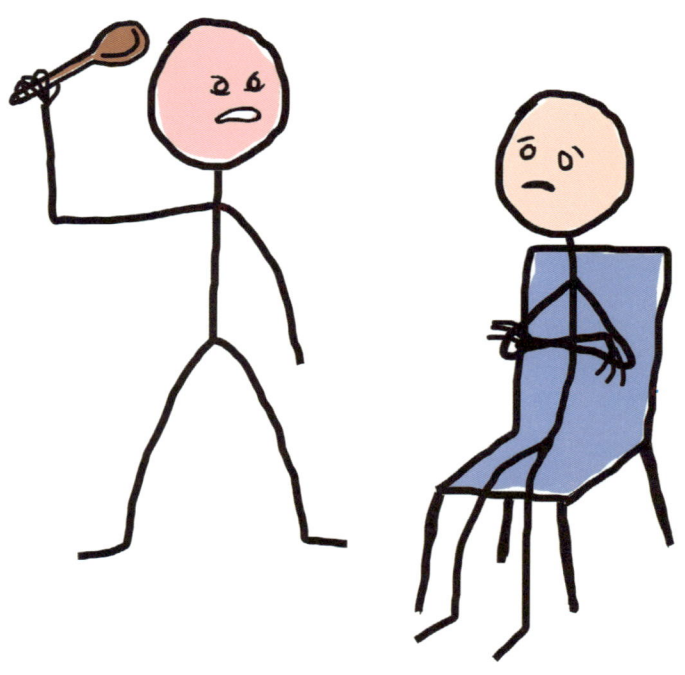

"네가 만든 뱅킹 인터페이스는 끔찍해!"
"네. 숟가락을 만들었어요. 나무로요."
"그게 네가 한 최초의 실수야!"

등록 폼

내가 처음 웹디자인 분야에 발을 디뎠을 때는 이미지 자체, 이미지의 특정 영역에 링크를 거는 이미지 맵, 중첩된 `<table>` 요소를 중심으로 모든 실패를 다 포함하는 세기의 전환기였다. 성능도, 반응성도, 크로스 브라우저 호환성도 없었다. 내 초기작은 그냥 사람들이 비난해도 마땅할 무엇인가에 지나지 않았다.

요즘 내 결과물도 완벽하지는 않지만 사고방식만큼은 바뀌었다. 바로 웹 페이지는 단지 사진들을 꽂아놓는 코르크 게시판이 아니라는 깨달음이다. 실제로 웹 페이지는 터미널과 다름없다. 정보를 받으며(입력) 정보를 보여주기(출력) 때문이다.

웹 폼은 입력 부분에 신중을 기해야 한다. 특히 폼이 인클루시브해야 한다는 점이 가장 중요하다. 모든 사람은 단순히 웹을 소비만 하는 것이 아니라 기여도 하기 때문이다. 그렇다면 우리가 신경 써야 할 것은 무엇일까? 여러 가지가 있다. 폼 요소는 OS 기능에 편승해야 하며 표준적인 방법으로 키보드와 스크린 리더에 대한 접근성을 갖추어야 한다. 적어도 마크업이 올바르다는 전제하에 말이다. 다시 말해 폼은 사용성 이슈들을 죄다 끌어당기는 1만 볼트의 전자석과도 같다.

이 장에서는 간단한 등록 폼 패턴을 위해 잠재적 사용성 오류의 주변을 조심스럽게 살피면서 표준도 수용할 것이다. 인클루시브 디자인은 표준과 사용성 사이의 관계에서 찾을 수 있기 때문이다.

현재 맥락에서의 폼

등록 폼 자체를 구성하기에 앞서 우리가 알아야 할 현재 맥락을 먼저 짚어보자. 모듈성이 가진 장점에도 불구하고 어떤 패턴들은 먼저 맥락을 바탕으로 고려해야 더 나은 설계가 될 수 있기 때문이다.

    전통적으로 등록 폼은 이미 계정이 있는 사용자에게 제시되는 로그인 폼과 대응 관계에 있다. 사실 일반적으로 사용자가 처음 접하게 되는 것은 로그인 폼이다. 거기에 등록 옵션이 딸려 있는데, 보통은 로그인 버튼 다음에 위치한 "계정이 없으신가요?"와 같은 작은 링크 텍스트다.

    이런 식으로 등록 옵션을 두는 것은 별로 대수롭지 않다. 왜냐하면 대부분의 사용자는 이미 직접 홈페이지에서 전체 설명을 읽고 가입 버튼을 눌렀을 것이기 때문이다.

    방문자가 어떻게 들어오고 이동하는지 가정하는 것은 위험한 일이다. 그러나 어떤 사용자에게 지금의 이 사용성은 매우 화나는 것일 수 있다. 페이지 상단부터 체계적으로 탐색하는 스크린 리더 사용자는 로그인 폼을 지나기 전까지는 등록 폼이 있다는 것을 인식하지 못할 것이다. 게다가 별도 페이지에 있는 등록 폼에 대한 링크이므로 새로 로딩된 페이지의 첫 부분부터 다시 탐색해 내려가야 한다.

    이것이 '블로그 포스트' 장에서 설명한 건너뛰기 링크, 헤딩, 랜드마크 영역을 사용해 콘텐츠 블록을 우회하는 기능을 만드는 이유

중 하나다. 이는 WCAG의 2.4.1 바이패스 블록Bypass Blocks[1] 성공 기준에 맞다.

그러나 모든 사용자를 위한 더욱 명쾌한 해법은 처음부터 로그인과 회원 가입을 선택하도록 하는 것이다. 다음 그림에서는 로그인 옵션이 기본으로 선택되어 있지만, 대등한 관계의 등록 옵션도 볼 수 있다.

로그인/등록 도구바

사용자에게 제시되는 선택 사항이 시각적으로나 비시각적으로 모두 명확해야 한다는 점이 중요하다. 그러나 음성 접근성 전문가들을 신뢰할 수는 있어도, 실제로 완전히 옳거나 그른 방법은 없다. 따라서 가장 효과적인 해법을 찾는 일은 디자이너의 임무다.

로그인과 등록 옵션을 완전한 자격의 WAI-ARIA 탭 인터페이스로서 디자인하는 것이 하나의 방법일 수 있다. 이에 대한 자세한 내용은 내가 쓴 《모두를 위한 앱 : 접근 가능한 웹 애플리케이션 개발 Apps For All : Coding Accessible Web Applications》[2]에서 설명했고 그에 딸린 데모[3]도 확인할 수 있다.

지금은 두 가지 옵션(탭)만을 다루므로 복잡하게 만들 필요는 없

---

1 https://www.w3.org/TR/WCAG21/#bypass-blocks
2 http://smashed.by/apps4all
3 http://smashed.by/tab-interface

다. 간단한 방법은 다음과 같은 toolbar[4]로 구성하는 것이다.

```html
<h1>Welcome</h1>
<div role="toolbar" aria-label="Login or register">
   <button aria-pressed="true">Login</button>
   <button aria-pressed="false">Register</button>
</div>
<div id="forms">
   <div id="login">
      <form>
                  <!-- 로그인 폼 -->
      </form>
   </div>
   <div id="register">
      <form>
                  <!-- 등록 폼 -->
      </form>
   </div>
</div>
```

노트

- 버튼을 누르면 그 버튼이 `aria-pressed="true"`[5]로 바뀌며 해당 폼이 나타난다. 선택된 버튼임을 알려주기 위해, 예컨대 `[aria-pressed="true"]` 속성 선택자 등을 사용하는 CSS 스타일이 제공되어야 한다.
- 스크린 리더 사용자가 첫 번째 버튼에 포커스를 주면 "Login

---

4 https://www.w3.org/TR/wai-aria/#toolbar
5 https://www.w3.org/TR/wai-aria/#aria-pressed

or register toolbar, login toggle button, selected"와 같은 식으로 낭독될 것이다. 이로써 사용자는 로그인이나 등록을 선택할 수 있는 도구바와 상호작용하고 있으며 현재 로그인 옵션이 활성화되어 있음을 알려준다.
- 로그인이든 등록이든 해당 폼의 포커스 순서는 도구바 다음이므로 키보드나 스크린 리더 사용자가 쉽게 이동할 수 있다. 따라서 도구바와 폼 영역 사이에는 어떤 명확한 관계도 없어야 한다. 이전에 설명했듯이 aria-controls를 사용해 명시적인 관계를 만들 수 있지만 지원 수준이 낮은 aria-controls에 의존해서는 안 된다. 지금으로서는 믿을 수 있는 것은 소스의 순서뿐이다.

기본 폼

이제 관심을 등록 폼 자체로 돌려보자. 우리는 이미 '필터 위젯' 장에서 폼 컨트롤의 활용법을 살펴보았다. 다음은 사용자가 텍스트를 입력할 수 있는 익숙한 폼이다.

```
<form id="register">
    <label for="email">Your email address</label>
    <input type="text" id="email" name="email" />
    <label for="username">Choose a username</label>
    <input type="text" id="username" name="username"
placeholder="e.g. HotStuff666" />
    <label for="password">Choose a password</label>
    <input type="password" id="password" name="password" />
    <button type="submit">Register</button>
</form>
```

레이블

인클루시브 폼의 기본 중 하나는, 모든 상호작용 가능한 요소에는 접근성 있는 레이블이 있어야 한다는 것이다. 제출 버튼의 경우 접근성 있는 레이블은 텍스트 노드다. 즉 버튼이 포커스를 받으면 "Register"가 레이블로 낭독된다.

텍스트 입력과 같이 사용자의 입력을 받는 요소의 경우 보조 레이블이 반드시 있어야 한다. 그렇게 하기 위한 표준적인 방법은 `for` 속성을 갖는 `<label>` 요소를 사용하는 것이다. `for` 속성은 `id` 값을 통해 레이블을 `<input>`과 연결시킨다. 이는 `id`가 유일해야 하는 이유 중 하나이기도 하다. 그렇지 않으면 WCAG의 4.1.1 파싱Parsing[6] 조항을 위반하기 때문이다.

패스워드 입력을 위한 `<input>`의 경우 공인된 열쇠(`for`와 `id` 값으로 똑같이 쓰일 콘텐츠)는 말 그대로 'password'다.

```
<label for="password">Choose a password</label>
<input type="password" id="password" name="password" />
```

이런 방식으로 레이블과 컨트롤을 명시적으로 연결해야 하는 이유를 이해하려면 스크린 리더 사용자가 어떻게 폼을 탐색하는지를 이해해야 한다. 사용자가 방향키로 요소 사이를 이동할 수 있는 산문 형식의 콘텐츠와는 달리 폼에서는 하나의 필드에서 다른 필드로 곧장 이동된다. 즉 `<label>`과 같은 요소는 건너뛰게 된다. 따라서 상호작용 요소에 명시적으로 연결시키지 않는다면 레이블을 놓치게 된다는 의미다.

---

6 https://www.w3.org/TR/WCAG21/#parsing

이 예제에서는 사용자가 패스워드 필드에 포커스를 주면 스크린 리더는 "Choose a password, secure input"과 같은 식으로 읽을 것이다.

접근성 전문 수석 엔지니어 레오니 왓슨은 WAI-ARIA 명세에서 `password` 역할은 고려 대상에서 빠지게 될 것이라고 언급했다.[7] `password` 역할은 개발자가 문자 마스킹 등과 같은 보안 조치를 확실하게 확인하지 않아도 커스텀 필드를 제작할 수 있게 해준다. WAI-ARIA는 오직 시맨틱에만 영향을 미치는 것이지, 일반적인 기능에 관여하는 것은 아니다. 이런 이유로 `type="password"` 같은 표준 요소와 속성을 사용하는 방법이 안전하다. 시맨틱과 표준 동작이 짝을 이루고 있기 때문이다.

플레이스홀더

`placeholder` 속성은 비교적 최근에 HTML 명세에 추가되었다(저자가 책을 집필한 시점 - 옮긴이). 이 속성은 사용자가 입력할 콘텐츠 유형에 대한 힌트를 사용자에게 미리 제공하고자 하는 개발자의 요구에 부응해 만들어졌다. 여기서 핵심 단어는 힌트다. `placeholder`는 그 자체가 레이블의 역할이 아닌, 오직 추가 정보를 제공하기 위해 사용되는 속성이다.

우리 예제에서는 'Choose a username'이 접근성 있는 레이블이며 'e.g. HotStuff666'의 사용자의 창의력에 시동을 걸어주는 부분이다.

```
<label for="username">Choose a username</label>
```

---

[7] http://tink.uk/proposed-aria-password-role/

```
<input type="text" id="username" name="username"
placeholder="e.g. HotStuff666" />
```

기본적으로 `placeholder` 속성은 회색 텍스트로 표시되는데, 이는 색 대비 이슈를 일으킬 수 있다. 특히 입력 필드가 배경색을 갖고 있다면 더욱 그렇다. 따라서 플레이스홀더를 색 대비가 아닌 이탤릭체처럼 다른 방법으로 구별하게 하는 것이 좋다.

왼쪽 플레이스홀더는 회색 텍스트이며, 오른쪽 플레이스홀더는 이탤릭체의 검은색 텍스트다.

대부분의 브라우저에서 몇 가지 표준과 비표준의 방법으로 플레이스홀더의 스타일 적용이 가능하다.

```
::placeholder {
  color: #000;
  font-style: italic;
}

::-webkit-input-placeholder {
  color: #000;
  font-style: italic;
}

::-moz-placeholder {
  color: #000;
  font-style: italic;
```

}

(참고 : 각 스타일 규칙을 쉼표로 나열하는 대신 개별 블록으로 분리했다. 인식하지 못하는 선택자가 있을 경우 브라우저는 블록 자체를 파싱하지 않기 때문이다.)

일부 스크린 리더와 브라우저는 placeholder를 지원하지 않으므로 플레이스홀더를 레이블 용도로 사용했다면 그 정보는 잃게 된다. 그러나 그것만이 문제가 아니다. 시각장애 사용자가 아닐지라도 입력 필드에 타이핑을 하는 순간 대체 레이블은 사라질 것이기 때문이다. 이는 인지적 접근성 이슈를 발생시키며, 더 넓게 보면 인클루시브하지 않은 인터페이스 패턴을 만든다. 게다가 브라우저의 자동 완성 기능 역시 여러 필드에서 작동하고 있다. 이는 시각적 레이블을 없앨 뿐 아니라 자동 완성된 값이 그 필드의 원래 의도와 맞는지 확인하기 어렵게 만든다.

> 플레이스홀더를 레이블 용도로 사용하는 일은 자동 완성 기능과 결합된 상황에서는 특히 좋지 않다. 그냥 폼 안의 모든 것이 자동 완성되고, 나는 도대체 뭐가 뭔지 분간이 안 된다."
>
> — 리아 베루의 트위터[8]

때로는 화면 공간을 절약하고자 시각적인 레이블은 없애고 placeholder에 의존하고 싶은 유혹에 빠지기도 한다. 그러나 그것은 폼의 사용성을 떨어뜨리는 좋지 않은 방법이다.

---

8 https://twitter.com/LeaVerou/status/758386597012185088

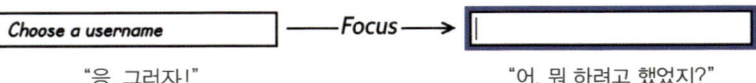

"응, 그러자!" "어, 뭐 하려고 했었지?"

포커스를 받지 않은 왼쪽 필드에서는 플레이스홀더를 보여준다. 그러나 오른쪽처럼 포커스를 받으면 플레이스홀더가 사라지므로 사용자는 그것이 무엇이었는지 곰곰이 생각해야 하는 상황에 놓인다.

레이블 공간 확보는 모형이나 프로토타입 제작 단계에서 처음부터 우선순위를 부여해야 하는 일이다. 한편, 레이블을 플레이스홀더로 사용할 수 있는 획기적인 방법도 있다. 맷 스미스 Matt D. Smith[9]의 플로트 레이블 패턴 float label pattern[10]은 입력 필드에 커서가 들어가면 플레이스홀더 역할을 하던 레이블이 자리를 비켜주는 방식이다. 다만 레이블과 플레이스홀더는 똑같이 하나로 취급되므로 힌트나 예시를 제공할 여지가 없다는 점에 주의하기 바란다.

그룹화에 대한 짧은 노트

`<fieldset>` 요소는 연관된 폼 필드들을 공통 레이블인 `<legend>` 아래에 그룹화한다. 대부분의 스크린 리더에서 `<legend>`의 콘텐츠는 각 필드의 `<label>`과 연결된다. 따라서 이 같은 그룹화 메커니즘을 포함시켜 폼을 다음과 같이 조정할 수 있다.

```
<form id="register">
  <fieldset>
    <legend>Registration</legend>
```

9　https://twitter.com/mds
10　http://bradfrost.com/blog/post/float-label-pattern/

```html
    <label for="email">Your email address</label>
    <input type="text" id="email" name="email" />
    <label for="username">Choose a username</label>
    <input type="text" id="username" name="username" placeholder="e.g. HotStuff666" />
    <label for="password">Choose a password</label>
    <input type="password" id="password" name="password" />
    <button type="submit">Register</button>
  </fieldset>
</form>
```

이는 기술적으로는 유효하지만 불필요한 잡음을 많이 만들어낸다. 즉 각 입력 필드에 포커스를 줄 때마다 "Registration: Your email address", "Registration: Choose a username"과 같은 식으로 확장된 레이블이 낭독될 것이다.

우리는 항상 프로그래밍을 할 때마다 옳고 그름, 참과 거짓에 대해 생각하도록 스스로를 길들인다. `<fieldset>`을 사용하는 그와 같은 방법이 기술적으로 유효하고 규범에 맞는다는 점은 우리로 하여금 그에 어울리는 생각을 하게 만든다. 즉 도덕적으로도 옳다고 느끼게 만드는 것이다. 심지어는 필수적이라고까지 말이다.

HTML은 명령형 프로그래밍 언어의 명확하고 절차적인 로직에 대해 고수하지 않는다. 즉 그런 언어와 HTML은 다르다. HTML은 자연어와 비슷한 뉘앙스의 구조를 갖는다. 도움이 될 수도 있고, 방해가 될 수도 있다. 너무 간단하거나 너무 장황할 수도 있다. 현재 맥락에서 `<fieldset>`과 `<legend>`는 그다지 이득도 없으면서 장황하기만 하므로 사용하지 말아야 한다.

`<legend>`가 없는 `<fieldset>`은 아무 의미 없다는 사실을 기억한 상태에서 다음 세 가지 경험 법칙을 통해 `<fieldset>` 사용이 적합

한지 판단할 수 있다.

1. 같은 폼이나 컨텍스트 안의 필드들을 둘 이상의 집합으로 분류할 수 있는가? 그렇다면 `<fieldset>`을 사용해도 되지만 그렇지 않으면 사용하지 마라.
2. 그렇게 분류했더니 필드가 하나만 있는 집합이 있는가? 그렇다면 그 필드에는 `<fieldset>`을 적용할 필요가 없다. 그렇지 않다면 `<fieldset>`을 사용해도 된다.
3. `<legend>`가 각 `<fieldset>`의 필드 레이블과 결합했을 때 의미가 통하거나 사용자의 이해를 도울 수 있다고 생각되는가? 그렇다면 `<fieldset>`을 사용해도 되지만 그렇지 않다면 사용하지 마라.

필수 항목

등록 폼에는 필수 항목들, 즉 빈칸으로 두면 안 되는 필드가 일부 있다. 사실은 모든 필드가 필수다. 간단한 UX를 위해 회원 가입을 할 때 정말 중요하지 않은 사항은 아예 요구하지 않는 것이 맞기 때문이다.

인클루시브하게 필수 항목을 표시하는 일에는 표준과 관례가 함께 사용된다. 많은 사람은 필드 레이블 끝에 있는 별표(*) 기호에 익숙하다. 특히 별표를 `<strong>` 요소로 둘러싸고 빨간색으로 만들면 이해도를 높일 수 있다.

```
<label for="email">Your email address <strong class="red">*</strong></label>
```

```
<input type="text" id="email" name="email" />
```

스크린 리더는 별표를 포함해 "Your email address asterisk"라고 읽을 것이다. 스크린 리더 사용자는 여기서의 'asterisk', 즉 별표를 '필수'라는 의미로 잘 이해할 것이다. 그러나 완전히 확신할 수는 없다. 예를 들어 아스테릭스Asterix[11] 만화 캐릭터에 대한 퀴즈를 보여 주는 마크업이 있다고 가정해보자.

```
<label for="quiz-question">What is the name of Goscinny and
Uderzo's famous cartoon Gaul?<strong class="red">*/strong>
</label>
<input type="text" id="quiz-question" name="quiz-question" />
```

좀더 정확히는 입력 필드에 `aria-required="true"`[12]를 넣으면 해당 언어에 맞게 "Required"라고 낭독될 것이다. 이는 별표가 읽히지 않도록 `aria-hidden`을 사용하게 하는 과제를 남긴다. `aria-hidden="true"`는 음성 측면으로는 `display: none;`과 똑같다고 생각하면 된다.

```
<label for="email">Your email address <strong class="red"
aria-hidden="true">*</strong></label>
<input type="text" id="email" name="email" ari-arequired=
"true" />
```

(참고: 불리언 유형의 일부 HTML5 속성[13]과 달리 `aria-hidden="true"`

---

11 https://en.wikipedia.org/wiki/Asterix (한글 https://ko.wikipedia.org/wiki/아스테릭스)
12 https://www.w3.org/TR/wai-aria/#aria-required
13 http://smashed.by/html5forms

와 `aria-required="true"`는 모두 명시적인 값을 갖는다. 이는 ARIA 속성 규칙에 맞으며 매우 신뢰할 수 있는 형태다.)

required 속성에 대한 짧은 노트

HTML5에 `required` 속성이 있다는 사실을 알 것이다. 그렇다면 왜 사용하지 않는 것일까? 대개는 WAI-ARIA보다는 HTML5의 기본 시맨틱을 사용하는 것이 더 낫다. 그러나 오직 업체(라고 쓰고 브라우저와 스크린 리더라고 읽는다)의 지원이 가능한 경우에만 그렇다.

`required` 속성은 여러 브라우저에서 일관되게 구현되지 않았다.[14] 또한 비어 있는 필수 항목에 대해 처음부터 유효하지 않다고 표시하는 바람직하지 않은 현상을 보여주기도 한다. 이는 우리의 목적을 감안하면 장황하고 공격적인 것으로 볼 수 있다.

패스워드 보이기

플레이스홀더가 사라질 때 겪는 인지적 스트레스에 대해 앞서 논의했다. 특히 적절한 레이블이 없는 경우에 더욱 심각하다는 점을 기억할 것이다. 패스워드를 입력할 때 올바른 키를 눌렀는지 확인할 수 없는 상황 역시 그와 비슷한 불편함을 준다.

일부 인터페이스는 보조 필드를 두어 사용자에게 패스워드를 두 번 입력하라고 하기도 한다. 그렇게 해서 시스템이 이 둘이 같은지 비교하려는 것이다. 귀찮고 불쾌한 일이다.

---

14 http://caniuse.com/#feat=form-validation

보안도 유지하면서 사용자에게 패스워드를 볼 수 있는 옵션을 제공하는 좋은 방법은 체크박스를 이용하는 것이다.

```
<label for="password">Choose a password</label>
<input type="password" id="password" name="password" />
<label><input type="checkbox" id="showPassword" /> show password</label>
```

우측 하단에 '패스워드 보기' 체크박스가 있는 폼

다음과 같은 간단한 스크립트를 사용해 필드 유형으로 password와 text를 토글할 수 있다.

```
var password = document.getElementById('password');
var showPassword = document.getElementById('showPassword');

showPassword.addEventListener('change', function() {
  var type = this.checked ? 'text' : 'password';
  password.setAttribute('type', type);
});
```

인터넷 익스플로러와 마이크로소프트 엣지는 눈 모양의 아이콘을 통해 패스워드 보기 기능을 제공하는데, ::ms-reveal이라는 가상클래스pseudo-class[15]와 연결되어 있다. 우리는 크로스 브라우징이 가능한 패스워드 보기 기능을 직접 제공하므로 그 기능을 막는 것

---

15 https://developer.mozilla.org/en-US/docs/Web/CSS/::-ms-reveal

이 현명한 방법이다.

```
input[type=password]::-ms-reveal {
  display: none;
}
```

지금 시점에서 우리는 인터페이스의 UX를 개선할 뿐 아니라 특별한 환경에 있거나 보조 소프트웨어 사용자를 지원하는 인클루시브 디자인 습관을 들여가고 있다. 이처럼 스크린 리더가 접근 가능한 패스워드 보이기 전략은 또 하나의 재사용 가능한 마이크로패턴 micropattern이다. 즉 접근성 측면에서는 처음 한 번만 고민하고 작업하면 된다는 의미다.

유효성 검증

남아 있는 가장 큰 과제는 인클루시브한 폼 검증 경험을 제공하는 것이다. 유효성 검증에는 많은 유동적인 부분이 있으며 일부 사용자에게 조화롭지 못하고 쓸모없는 경험을 주기도 한다. 이에 대한 해법은 유효성 검증 과정에서 관점을 분리시켜 다음과 같은 두 가지 핵심 메시지를 전달하는 데 있다.

1. 무엇이 잘못되었는가(폼에 어떤 오류가 있는가)?
2. 바로잡기 위해 무엇이 필요한가(유효한 폼으로 만들어주는 것은 무엇인가)?

HTML5의 `required` 속성과 마찬가지로 `url`과 같은 브라우저의 입력 유형에 기반한 HTML5 폼 검증의 지원과 균일성에 대해서도 이슈들이 있다. 게다가 패스워드 필드를 검증하는 기능은 HTML5에 존재하지 않는다. 이 경우 유효성 검증용 자바스크립트(패턴 비교)와 함께 WAI-ARIA에 의존하는 것이 낫다.

무엇이 잘못되었는가

사용자가 폼을 제출하기 전에 폼에 어떤 오류가 있는지 점검해야 한다. 오류가 있다면 일시적으로 폼 제출을 막아야 한다. 단순히 제출 버튼의 클릭 핸들러만 막는 것이 아니라 폼 제출 자체를 막는 것임을 알아두기 바란다.

```
var form = document.getElementById('register');
form.addEventListener('submit', function(event) {
  if (errors) {
    event.preventDefault(); // 제출하지 않는다.
  }
});
```

이대로도 괜찮기는 하지만 폼 오류가 있는 상황에서 사용자가 제출을 시도하면 아무 일도 일어나지 않는다. 여기가 바로 에러 메시지의 형태로 피드백을 제공할 수 있는 지점이다. 제출을 시도할 때 에러 메시지를 뿌려줄 수 있는 간단한 실시간 영역을 사용하면 충분할 것이다.

다음은 초기 마크업이다. 실시간 영역을 제출 버튼 바로 위에 두었다는 점에 주목하기 바란다. 사용자가 제출 버튼을 보고 있기 때문에 에러에 주목하게 하는 가장 좋은 위치이다. 사용자는 콘텐츠를 확대해볼 수도 있다. 따라서 폼 상단에 에러를 보여준다면 현재 뷰포트 안에서 보이지 않을 수도 있다.

```
<div id="error" aria-live="assertive" role="alert"></div>
<button type="submit">Register</button>
```

다음은 실시간 영역에 메시지를 채우는 스크립트다.

```
var form = document.getElementById('register');
form.addEventListener('submit ', function(event) {
  if (errors) {
     event.preventDefault(); // 제출하지 않는다.
     document.getElementById('error').textContent = 'Please make sure all your registration information is correct.'
  }
});
```

시각적 효과

실시간 영역인 #error는 내용이 있을 때만 보여야 한다. 초기 상태에서 빈 박스를 보이지 않게, 폼의 레이아웃에 영향을 주지 않게 하려면 :empty라는 가상클래스를 이용할 수 있다.

```
#error:empty {
   display: none;
}
```

관례적으로 에러는 빨간색으로 보여준다. 따라서 메시지 박스의 테두리나 배경을 빨간색으로 하는 것이 바람직하다. 그러나 빨간색은 메시지를 에러로 분류할 수 있는 시각적 특징일 뿐이라는 점에 주의해야 한다. 스크린 리더 사용자와 색을 구분하지 못하는 사용자를 모두 지원하기 위해 대체 텍스트를 포함하는 경고 아이콘을 덧붙이는 방법이 있다.

```
<div id="error" aria-live="assertive" role="alert">
   <p>
      <svg role="img" aria-label="error:">
         <use xlink:href="#error"></use>
      </svg>
      Please make sure your registration information is correct.
   </p>
</div>
```

⚠ Please make sure all your registration information is correct.

빨간 바탕에 흰색 텍스트로 된 에러 메시지 앞에 느낌표가 담긴 삼각형 경고 표지를 덧붙였다.

폼 제출이 막히면 `:empty` 가상클래스를 사용할 수 없게 되면서 `display`의 상태가 `none`에서 `block`으로 바뀌어 실시간 영역이 채워지게 된다. 이렇게 DOM이 변경됨과 동시에 스크린 리더는 "error: Please make sure your registration information is correct"라고 대체 텍스트가 포함된 콘텐츠를 낭독하게 된다. 알아두어야 할 사항은 `img`라는 ARIA 역할[16]과 `aria-label`이 `<svg>` 요소를 'error:'라는 값의 `alt` 속성이 딸린 표준 `<img/>` 요소와 비슷하게 만든다는 점이다.

---

16 https://www.w3.org/TR/wai-aria/#img

실시간 영역을 통해 에러를 보여주는 방법은 주의를 끌기 위해 사용자를 해당 정보로 이동시킬 필요가 없다는 장점이 있다. 사용자에게 폼 에러에 대한 경고를 주면 유효하지 않은 폼 필드에 포커스가 가게 되는 것이 전형적인 방법이었다. 이는 사용자로 하여금 예상하지 못하게 길을 잃게 만드는 위험이 있다. 그에 비해 우리 예제에서는 제출 버튼에 여전히 포커스가 유지되고 있으므로 사용자가 에러를 고치기 위해 원하는 지점으로 자유롭게 갈 수 있다.

바로잡기 위해 무엇이 필요한가

이제 유효하지 않은 필드들을 다루어야 하는 단계에 이르렀다. 각 필드에 대해서는 시각적 관점이든 아니든 두 가지 정보가 필요하다.

1. 필드가 유효하지 않다는 것
2. 필드를 유효하게 만들 수 있는 것

에러를 설명하는 문구를 제외하고 모든 필드에 똑같은 패턴을 적용할 수 있으므로 여기서는 계속해서 패스워드 필드를 예로 사용할 것이다. (1)을 위해서는 `aria-invalid` 속성을 사용할 수 있다.[17]

```
<label for="password">Choose a password</label>
<input type="text" id="password" name="password"
aria-invalid="true" />
<label><input type="checkbox" id="showPassword" />
show password</label>
```

---

17 http://smashed.by/invalidattr

정말 이것이 전부다. 사용자가 폼으로 돌아가 입력 필드에 포커스를 주면 스크린 리더가 "Invalid"와 같은 식으로 읽을 것이다.

시각적인 표시를 제공하기 위해 `aria-invalid` 속성을 활용할 수도 있다. `aria-invalid="true"`를 시각적 스타일에 연결하면 스타일과 상태 관리의 관심사를 분리함으로써 번거로움을 줄일 수 있다. 일반적으로 관심사의 분리는 유익하다. 그러나 어떤 필드가 유효하지 않을 때마다 반드시 유효하지 않게 보여야 하는 과제가 있다. 이를 위해 상태에 대한 속성 선택자를 사용하면 인터페이스의 폼과 기능이 동기화되는 상황을 피할 수 있다.

```
[aria-invalid="true"] {
   border-color: red;
   background: url () center right;
}
```

(**참고** : 빨간 `border-color`로의 변화를 감지하지 못하는 색맹 사용자를 위해 배경 아이콘을 포함시킨 것에 주목하기 바란다.)

사용자가 필드를 바로잡는 방법을 모른다면 단지 필드가 유효하지 않다는 사실을 아는 것만으로는 별 소용이 없다. 따라서 사용자를 위한 설명이 첨부되어야 한다. 이 예제에서는 패스워드의 글자 수가 6자 미만이기 때문에 유효하지 않다.

```
<label for="password">Choose a password</label>
<input type="text" id="password" aria-invalid="true" aria-describedby="password-hint" />
<div id="password-hint">Your password must be at least 6 characters long</div>
```

```
<label><input type="checkbox" id="showPassword" /> show
password</label>
```

Choose a password

⚠ Your password must be at least 6 characters long
☐ show password

패스워드 입력 필드 바로 밑에 빨간색 텍스트의 에러 메시지가 경고 표지와 함께 있다.

`#password-hint` 요소는 `aria-describedby`[18] 속성과 `password-hint`라는 `id`를 사용해 입력 필드와 연결된다. 즉 레이블과 매우 비슷하게 설명이 연결된다는 의미다. 유일한 차이는 순서밖에 없다. 설명은 가장 마지막에 읽히기 때문이다. 스크린 리더 사용자가 입력 필드에 포커스를 주면 레이블, 현재 값, 입력 유형, (유효하지 않은) 상태 정보를 지나고 나서야 설명이 낭독될 것이다. 모든 것이 착착 맞아 들어간다.

검증의 반복 실행

어떤 근사한 폼 검증 스크립트는 사용자가 텍스트를 입력할 때 실시간 피드백을 제공함으로써 타이핑하는 동시에 유효성을 확인할 수 있게 해준다. 그러나 이는 관리하기가 매우 어려운 방법이다. 특정 글자 수 이상이어야 하는 필드의 경우 처음 시작하는 타이핑부터 매번 유효하지 않다고 경고할 것이다. 그렇다면 사용자에게 피드백을 주어야 하는 순간은 언제이며, 또한 얼마나 자주 그래야 할까?

---

[18] https://www.w3.org/TR/wai-aria/#aria-describedby

고객에게 끊임없이 간섭하는 강압적인 종업원이 되고 싶지 않다면 처음부터 에러를 보여주는 일은 하지 말아야 한다. 대신 에러는 오직 폼 제출이 시도된 직후에 보여주면서 비로소 사용자에게 통보하는 과정을 시작해야 한다.

일단 사용자가 에러 정정에 적극적으로 관여했다면 그 노력에 대한 보상이 있으면 좋을 것이다. 따라서 이제 유효하지 않다고 표시된 필드에 대해 매 input 이벤트마다 검증을 실시해 aria-invalid 의 값을 false 또는 true로 전환할 수 있다.

```
var password = document.getElementById('password');
password.addEventListener('input', function() {
  validate(this);
});
```

디바운싱

사용자가 타이핑을 빠르게 한다면 validate() 함수는 매우 빈번히 호출될 것이다. 이는 성능 이슈뿐 아니라 반복해서 메시지가 갱신되는 실시간 영역으로 인해 스크린 리더가 80년대 리믹스 음악 플레이어로 돌변하는 문제가 발생한다. '유—유어—유어—유어 패스—유어 패스워드'와 같은 식으로 말이다.

따라서 사용자가 잠깐 쉬는 시간에만 validate() 함수가 호출되는 것이 더 낫다. 디바운싱debouncing 기법을 사용하면 키 누름 이벤트를 블록화해 블록당 한 번만 validate()를 실행하게 만들 수 있다. 로대시Lodash의 debounce[19] 메서드는 wait이라는 매개변수를 받는

---

19 https://lodash.com/docs#debounce

다. 여기에는 우리가 상상하는 키 입력 사이의 평균 시간보다 아주 살짝 짧은 값을 지정할 필요가 있다. 디바운싱에서 함수는 시작 시점(leading)이나 끝 시점(trailing)에서 실행될 수 있다. 그런데 우리는 사용자가 키 입력을 멈춘 시점에서 검증을 수행해야 한다. 따라서 options 객체에서 options.leading은 false가, options.trailing은 true가 되어야 한다.

```
var password = document.getElementById('password');
var handleInput = _.debounce(validate.bind(null, this), 150,
{
  leading: false,
  trailing: true,
});
password.addEventListener('input', handleInput);
```

피드백을 위해 필드 단위의 실시간 영역을 구현할 것인지는 여러분의 선택에 달려 있다. 분명한 것은 실시간 영역이 없다면 필드가 유효한지, 아닌지 즉시 알릴 방법이 없다는 점이다. 그러나 aria-invalid 속성이 true로 설정되었다면 사용자가 필드에 포커스를 주었을 때 유효한지 여부를 듣게 된다. 대부분의 스크린 리더는 요소 정보를 다시 읽을 수 있는 단축키를 제공한다. 예컨대 NVDA의 경우 Insert + Tab 키를 누르면 포커스되어 있는 패스워드 필드에 대한 정보를 다시 읽을 것이다.

마이크로카피

여전히 우리는 코드와 시각디자인뿐 아니라 어휘의 선택에도 고심해야 한다. 레이블과 설명은 폼 완성의 성공과 실패를 좌우하므로 각별히 신경 써야 한다. 특히 선거인 명부 등록과 같은 중대한 서비스를 제공하는 사이트 개발이라면 더욱 주의해야 한다.

"나쁜 마이크로카피를 방지하는 다섯 가지 방법Five Ways To Prevent Bad Microcopy"[20]에서 빌 비어드Bill Beard는 몇 가지 핵심 사항을 제시한다.

1. 머릿속에 있던 것은 지워버리고 사용자를 알도록 하라.
2. 사용자는 사람이다. 사람처럼 대화하라.
3. 다른 사람의 작품은 지침으로만 참고하고 의존하거나 모방하지 마라.
4. 실제로는 그렇지 않더라도 모든 모멘트를 브랜딩 모멘트branding moment(브랜드가 사용자 뇌리에 박히는 순간 - 옮긴이)처럼 여겨라.
5. 콘텐츠가 왕이라면 문맥은 여왕처럼 대하라.

모두 훌륭한 지침이며 글 전체를 빠짐없이 읽어보기를 권한다. 나는 특히 네 번째 사항과 관련해 빌 비어드가 제시한 조건을 강조하고 싶다.

카피를 작성할 때 브랜드의 음성과 어조는 반드시 고려해야 할 사항이다. 그러나 그것이 행동하려는 사용자에게 걸림돌이 되어서는 안 된다."

다시 말해 사용성보다 브랜드를 우선시하지 말라는 의미다. 공식적으로는 WCAG가 2.4.6 헤딩과 레이블Headings and Labels[21] 조항의 성

---

20 http://smashed.by/bad-microcopy
21 http://smashed.by/topic-purpose

공 기준에서 "헤딩과 레이블은 주제나 목적을 설명한다"라고 제시하며 빌 비어드의 의도와 맥을 같이하는 모습을 보인다.

온라인 판타지 롤플레잉 게임의 등록 폼을 예로 들어보자. 패스워드 필드의 레이블을 '마법의 주문' '열려라 참깨' '은밀한 매력' 같은 이름으로 붙이고 싶을 것이다. 그것들 모두 '패스워드'보다 더 기억을 떠오르게 하는 표현이지만 사용자가 실제로 무엇을 해야 할지 어리둥절하게 만들 위험이 있다.

정리

이 장에서는 폼에 특화된 패턴을 살펴봄으로써 인클루시브한 폼을 개발할 때 일반적으로 필요한 모든 사항을 배웠다. 이는 표준 폼 요소와 효과적인 레이블을 사용함으로써, 많은 사용자가 해당 웹사이트나 애플리케이션에 접근하고 기여할 수 있도록 에러를 수정할 수 있게 함으로써 가능했다. 그러나 여전히 폼은 간결하게 유지하면서도 짜증나는 경험, 예컨대 사라지는 레이블이나 확인할 수 없는 패스워드 같은 경험을 주지 않도록 유념해야 한다. 이제는 폼을 기능적으로 사용할 수 있을 뿐 아니라 접근성을 갖추어야 함을 확신할 것이다. 모두에게 불편한 일이 아니라면 말이다!

피해야 할 사항

- 첫 번째로 읽어야 할 콘텐츠를 소스 코드 마지막에 위치시키는 것

- 너무 보잘것없거나 민감한 포커스 스타일
- 누락되었거나 보이지 않거나 또는 관련 없는 레이블이나 설명
- 폼 필드와 연관되지 않은, 상호작용성이 없는 콘텐츠를 `<form>` 안에 넣는 것

"데이브라고 하는 평균 사용자를 기준으로 디자인했어."
"그럼 데이브가 아주 만족했겠네, 그렇지?"
"아니, 누구도 사용할 수 없는 소셜 미디어 앱이 되었는걸."

테스트 주도 마크업

테스트 주도 개발test-driven development : TDD[1]은 개발자가 잦은 반복 작업을 통해 확신을 갖고 진행할 수 있게 만드는 방법이다. 먼저 테스트 케이스를 작성하고 테스트 결과를 규정한 다음, 테스트 케이스에 맞추어 기능을 만듦으로써 예측 가능하고 신뢰할 수 있는 방식으로 구축하도록 만든다. "이게 무슨 일이야!"라고 스릴을 즐기는 사람에게 TDD는 조금 지루할 수도 있지만 탄탄한 소프트웨어 개발 접근법인 것은 확실하다.

애플리케이션 개발에서 테스트는 어떤 함수에 대해 그리고 그 함수가 내놓을 것으로 기대되는 결과를 가정하고 작성한다. 예를 들어 내가 만든 add.js라는 Node.js 모듈의 `add()` 함수를 테스트하기 위해 모카Mocha[2]와 차이Chai[3]라는 어서션assertion 라이브러리를 사용할 수 있다.

```
var expect = require('chai').expect;
var add = require('../lib/add.js');
describe('Add module', function() {
  describe('The add() function', function() {
    it('should give 4 when adding 3 to 1', function() {
      add(3, 1).should.equal(4);
    });
  });
});
```

---

1 https://en.wikipedia.org/wiki/Test-driven_development(한글 https://ko.wikipedia.org/wiki/테스트_주도_개발)
2 https://mochajs.org
3 http://chaijs.com/

이제 `npm test`(또는 설정한 다른 이름)를 실행하면 기대하는 바대로 함수가 작동하는지 알 수 있다.

다 좋다. 그러나 이는 주로 자바스크립트와 같은 명령형 언어imperative language를 위해 설계된 방법이다. HTML과 같은 선언형 언어declarative languages에 그와 같은 방식의 테스트를 작성한다면 어떨까? 그렇다면 우리가 작성한 마크업의 구조도 올바른지 확인할 수 있을 것이다. 잘 구성된 마크업은 웹 접근성에 매우 큰 역할을 하므로 TDD 같은 방법은 인클루시브하지 않은 패턴 구축을 막아줄 수 있다.

이런 과업에 완벽히 들어맞는 언어는 이미 존재하는 것으로 여겨진다. 마침 그 언어 자체가 선언형 언어이며 운 좋게도 추가적인 라이브러리 의존성을 갖는 형태가 아니다. 당연히 CSS 이야기이다.

선택자의 로직

CSS가 선언형 언어인데도 선택자의 공식에는 로직이 존재한다. 선택자는 HTML 구조와 매칭할 때 사용되는 조건 기반의 표현식이다. 따라서 선택자와 유사한 문법을 기반으로 하는 에밋Emmet[4]과 같은 마크업 작성 도구는 CSS 선택자를 사용한 좋은 예다.

자바스크립트 문법에서의 선택자를 떠올리면 CSS 선택자의 고유 로직도 명확히 이해될 것이다.

예를 들어 다음과 같이 활성화된 모든 버튼을 매칭시키고 싶을 수 있다.

---

[4] https://emmet.io

```
button:not(:disabled) { ... }
```

이를 자바스크립트로 다시 작성하면 다음과 같다.

```
if (element.nodeName === 'button' && !element.disabled) { ... }
```

전형적으로 CSS 선택자는 기대되는 패턴과 매칭시킬 때 사용된다. 그러나 같은 이유로 깨졌거나 이상한 패턴을 대상으로 선택자를 사용할 수 있다. 그런 상황이 존재한다면 문제점을 강조하는 에러 스타일을 만들 필요도 있다.

```
[undesired pattern] {
  /* 예컨대 outline: 0.5em solid red;와 같은 에러 스타일 */
}
```

이제 필요한 것은 강조된 요소를 점검하는 사용자에게 이슈를 설명하는 방법뿐이다. 이 장의 주제 패턴인 탭 인터페이스를 사용해 그 방법을 알아보자.

테스트 주도 탭 인터페이스

나는 《모두를 위한 앱 : 접근 가능한 웹 애플리케이션 개발》[5]에서 ARIA로 보강한 접근 가능한 탭 인터페이스를 자세히 설명했다. 또

---

5 http://smashed.by/apps4all

한 그에 딸린 데모와 설명[6]도 있다. 만약 이 통합 패턴과 예상되는 동작에 대해 잘 알지 못한다면 두 자료를 참조하기 바란다.

다음 코드는 탭 인터페이스를 구성한 초기 상태의 예제다. 이제 탭 인터페이스 안의 요소 속성과 관계에 대응하는 테스트를 작성해 원하는 구조를 갖추었는지 확인하려고 한다. 탭 인터페이스와 같은 비교적 복잡한 패턴에서는 구조의 일부를 실수하거나 누락하거나 잘못 만들기 쉽다. 바로 지금이 그런 사태를 막을 수 있는 기회다.

```
<div class="tab-interface">
    <ul role="tablist">
        <li role="presentation"><a href="#panel1" id="tab1" role="tab" aria-selected="true">First Tab</a></li>
        <li role="presentation"><a href="#panel2" id="tab2" role="tab" tabindex="-1">Second Tab</a></li>
        <li role="presentation"><a href="#panel3" id="tab3" role="tab" tabindex="-1">Third Tab</a></li>
    </ul>
    <div role="tabpanel" id="panel1" aria-labelledby="tab1">
        <!-- 탭 패널 1의 콘텐츠 -->
    </div>
    <div role="tabpanel" id="panel2" aria-labelledby="tab2">
        <!-- 탭 패널 2의 콘텐츠 -->
    </div>
    <div role="tabpanel" id="panel3" aria-labelledby="tab3">
        <!-- 탭 패널 3의 콘텐츠 -->
    </div>
</div>
```

---

6   http://heydonworks.com/practical_aria_examples/#tab-interface

테스트

맨 위에서부터 시작하자. 개별 탭을 그룹화하는 `tablist`라는 특정 역할에 속하는 요소라면 보조 기술 환경에서도 제대로 작동해야 한다. 그렇다면 우리의 테스트 선택자는 `class="tab-interface"` 컨테이너 안의 `<ul>` 요소를 식별해야 하며 그 요소에 `role="tablist"` 속성이 없다면 강조 표시를 해야 한다.

```
.tab-interface ul:not([role="tablist"]) {
  outline: 0.5em solid red;
}
```

이제 `tablist` 시맨틱이 없는 목록 요소에는 보기 싫은 빨간 테두리가 나타날 것이다.

`tablist` 역할 명세[7]에서 설명하듯이 `tablist`는 `role="tab"` 형태로 명시적인 `tab` 역할을 지닌 '적격의 요소owned element'를 필요로 한다. 이 속성을 `<li>` 요소에 직접 넣는 경우도 있지만 나는 링크의 리스트로서 쉽게 분해될 수 있는 구조를 만들기 위해 `<a>` 요소에 넣는 방법을 선호한다. 링크의 리스트와 내비게이션에 대한 자세한 내용은 '내비게이션 영역' 장을 참고하기 바란다.

`<a>` 요소가 `tab` 역할을 해야 한다고 결정했다면 다음과 같이 대응하는 테스트 케이스를 테스트 스위트에 추가할 수 있다.

```
.tab-interface ul:not([role="tablist"]),
[role="tablist"] a:not([role="tab"]) {
```

---

7 https://www.w3.org/TR/wai-aria/roles#tablist

```
    outline: 0.5em solid red;
}
```

자바스크립트가 탭 인터페이스 시맨틱을 추가하면 리스트 시맨틱은 중복이 된다. 이를 막기 위해 각 `<li>` 요소에 `role="presentation"`을 넣었던 것이다. 이 테스트 선택자는 다음과 비슷한 식의 로직을 따르게 된다.

```
.tab-interface ul:not([role="tablist"]),
[role="tablist"] a:not([role="tab"]),
[role="tablist"] li:not([role="presentation"])
{
    outline: 0.5em solid red;
}
```

정상적으로 동작하는 탭 인터페이스라면 `aria-selected`[8] 상태를 사용해 접근 가능하도록 정의된 탭 하나가 항상 있어야 한다. 나머지 탭은 모두 `tabindex="-1"` 속성을 취해야 하며, 오직 방향키로만 선택될 수 있어야 한다. 이로 인해 두 개의 테스트 선택자가 더 필요하다. 두 번째 선택자는 기본적으로 첫 번째를 부정하는 테스트다.

```
.tab-interface ul:not([role="tablist"]),
[role="tablist"] a:not([role="tab"]),
[role="tablist"] li:not([role="presentation"]),
[role="tablist"] a[aria-selected][tabindex="-1"],
[role="tablist"] a:not([aria-selected]):not([tabindex="-1"])
```

---

8 https://www.w3.org/TR/wai-aria/#aria-selected

```
{
  outline: 0.5em solid red;
}
```

심지어 `tabpanel`의 `aria-labelledby` 속성값을 형성하는 잘못된 패턴도 찾아낼 수 있다. 다음 예제에 추가된 테스트 선택자는 탭 패널이 올바른 역할을 하는지 확인하면서 `aria-labelledby`의 값이 'tab'으로 시작되지 않는지 테스트한다. 이 같은 퍼지 매칭fuzzy matching은 속성 선택자인 `[aria-labelledby^="tab"]`에 시작 문자starts with modifier(^)를 사용함으로써 가능하다.

```
.tab-interface ul:not([role="tablist"]),
[role="tablist"] a:not([role="tab"]),
[role="tablist"] li:not([role="presentation"]),
[role="tablist"] a[aria-selected][tabindex="-1"],
[role="tablist"] a:not([aria-selected]):not([tabindex="-1"]),
[role="tabpanel"]:not([aria-labelledby^="tab"])
{
  outline: 0.5em solid red;
}
```

물론 이는 `aria-labelledby`가 아예 없는 탭 패널도 짚어낸다.

마지막으로 모든 탭 패널에 `tabpanel` 역할이 주어졌는지 검증하는 작업을 해보자. 탭 패널은 목록 다음에 나와야 한다. 따라서 형제 조합자sibling combinator(~)를 사용해 `tabpanel`이 아닌 `<div>`가 tablist 다음에 있는지 확인할 수 있다.

```
.tab-interface ul:not([role="tablist"]),
[role="tablist"] a:not([role="tab"]),
```

```
[role="tablist"] li:not([role="presentation"]),
[role="tablist"] a[aria-selected][tabindex="-1"],
[role="tablist"] a:not([aria-selected]):not([tabindex="-1"]),
[role="tabpanel"]:not([aria-labelledby^="tab"]),
[role="tablist"] ~ div:not([role="tabpanel"])
{
  outline: 0.5em solid red;
}
```

탭 리스트와 탭 패널 사이에 콘텐츠가 존재하면 인터페이스가 손상될 수 있고 혼란을 일으킬 수 있다. 이제 마지막 테스트에 토핑을 올려보자. `tabpanel` 역할의 `<div>`가 `tablist` 다음에 처음 나타나는 형제 요소인지 확인하는 일이다. 이 테스트 선택자는 인접 형제 조합자adjacent sibling combinator(또는 다음 형제 선택자next-sibling selector)[9]인 +를 사용한다.

```
.tab-interface ul:not([role="tablist"]),
[role="tablist"] a:not([role="tab"]),
[role="tablist"] li:not([role="presentation"]),
[role="tablist"] a[aria-selected][tabindex="-1"],
[role="tablist"] a:not([aria-selected]):not([tabindex="-1"]),
[role="tabpanel"]:not([aria-labelledby^="tab"]),
[role="tablist"] ~ div:not([role="tabpanel"]),
[role="tablist"] + div:not([role="tabpanel"])
{
  outline: 0.5em solid red;
}
```

---

9 http://smashed.by/siblingselectors

에러 메시지

지금까지는 우리가 원하지 않은 패턴에 맞는 모든 요소에 빨간 테두리를 표시했다. 그러나 에러에 대한 설명이 제공되지 않는다면 빨간 테두리만으로는 충분하지 않다. CSS를 테스트하기 위한 실험적인 북마클릿Bookmarklet인 revenge.css[10]에서 나는 일반적인 접근성 관련 마크업 에러를 식별하고 가상콘텐츠를 사용해 에러 메시지를 제공하는 테스트 선택자를 사용했다.

예를 들어 다음 코드는 잘못 구성된 리스트에 대해 끔찍한 메시지를 출력한다.

```css
ol > *:not(li)::after,
ul > *:not(li)::after {
   content: 'Only <li> can be a direct child of <ul> or <ol>.';
}
```

그러나 화면에 이렇게 에러를 출력하는 일은 실제로 문제가 많다. 에러 메시지는 사이트 자체의 CSS에 편승하기 때문에 모양과 가독성을 엉망으로 만들 수 있는 가상콘텐츠의 스타일 정의에 매우 조심할 수밖에 없다.

연속된 형제 요소의 에러(앞 예제에서 잘못된 `<li>`와 같은)로 인해 공간이 문제가 될 수밖에 없다.

가엘 푸파르Gaël Poupard[11]의 좀더 향상된 CSS 접근성 테스트 도구 a11y.css[12]는 각 `pseudo-content` 메시지를 문서 상단에 놓고 마우스

---

10 http://heydonworks.com/revenge_css_bookmarklet/
11 https://twitter.com/ffoodd_fr
12 https://ffoodd.github.io/a11y.css/

포인터가 들어왔을 때만 보여줌으로써 이를 극복한다.

하지만 굳이 에러 메시지를 페이지 안에서 보여주기 위해 노력하면서 골치 썩을 이유가 있을까? 그 대신 자바스크립트 콘솔과 같은 개발자 도구를 사용하고 그곳에 에러 메시지를 출력하게 할 수 있다. 다만 빨간 테두리는 개발자가 점검해야 할 대상 요소를 식별하는 역할을 하기 때문에 그대로 둔다.

어떤 경우든 가상콘텐츠 메시지를 `display:none;`으로 감출 수 있다.

```
ol > *:not(li)::after {                    index.html: 15
  display: none;
  content: 'Only <li> elements are permitted as
  children of <ul> elements';
}
```

여기에는 두 가지 작은 이슈가 있다. 첫째는 한 요소에 둘 이상의 에러가 있을 경우 CSS 인스펙터CSS inspector에서 마지막을 제외한 나머지 에러에 취소선을 긋는다는 점이다. 이는 마지막을 제외한 나머지는 에러가 아닌 것으로 오해하기 쉽다. 둘째는 불필요한 사항이라 할 수 있는 `display:none;`을 에러 메시지에 추가해야 한다는 점이다.

ERROR 속성

CSS에 `ERROR` 속성 따위는 없다. 앞으로도 그럴 일은 없을 것이다. 그러므로 지금 확실히 해두자!

그러나 CSS 인스펙터에 에러를 기록할 때 비공식 속성을 사용하면 몇 가지 이득이 있다. 첫째, 가상콘텐츠는 `display:none;`과 함께 완전히 퇴출되며 개별 CSS 에러 메시지는 다음과 같이 간략해 진다.

```
.tab-interface ul:not([role="tablist"]) {
  ERROR: The tab interface <ul> must have the tablist WAI-ARIA role
}
```

둘째, 비공식 속성은 CSS 명시도 계산specificity calculation에서 빠진다. 이는 브라우저에 따라 취소선 표시를 하지 않거나 또는 모든 ERROR 선언에 회색 스타일을 적용한다는 의미다.

나는 개인적으로 비공식 속성 앞에 경고 표지('⚠')를 붙이는 크롬 브라우저의 방식을 좋아한다. 이 표지는 에러가 강조되며 그 모습은 다음과 같다.

```
ol > *:not(li) {                              index.html: 15
  ⚠ ERROR: Only <li> elements are permitted as
    children of <ul> elements
}
```

크롬 개발자 도구에서 취소선이 적용된 에러 선언 블록

불행히도 재정 선언과 마찬가지로 비공식 에러 선언 역시 취소선이 적용된다. 내 생각에 이는 장애 요인이 되지 않는다. 대문자 ERROR 라는 이름으로 인해 이 선언을 명확히 구분할 수 있기 때문이다.

그럼에도 불구하고 나는 댄 스미스Dan Smith[13]의 도움을 받아 크롬 확장 프로그램을 만들었다. 이 프로그램은 취소선을 없애고 빨

---

13 https://twitter.com/dansketchpad

간 배경을 추가해 좀더 에러다운 모습을 보여준다.

```
ol > *:not(li) {                    index.html: 15
  ⚠ ERROR: Only <li> elements are permitted as
    children of <ul> elements
}
```

문자열임을 표시하기 위한 작은 따옴표는 더 이상 사용할 필요가 없다.

이 스타일은 대부분의 비공식 선언에 적용된다는 점에 주의해야 한다. 그러나 .has-ignorable-error 클래스를 사용해 브라우저의 기본 접두어와 같은 비공식 속성에는 적용되지 않게 할 수 있다.

```
.overloaded.not-parsed-ok.inactive:not(.has-ignorable-error)
{
  text-decoration: none !important;
  background: red !important;
  color: #fff !important;
}

.overloaded.not-parsed-ok.inactive:not(.has-ignorable-error)
.webkit-css-property {
  color: #fff !important;
}
```

모두 합치기

우리의 탭 인터페이스 패턴은 tab-interface.css 파일에 있으며 명명 규칙에 따라 다음과 같은 내용의 tab-interface.test.css 파일을 함께 관리한다.

```css
.tab-interface ul:not([role="tablist"]) {
  ERROR: The tab interface <ul> must have the tablist
WAI-ARIA role to be recognized in assistive technologies.;
}

[role="tablist"] a:not([role="tab"]) {
  ERROR: <a> elements within the tablist need to each have
the WAI-ARIA tab role to be counted as tabs in assistive
technologies.;
}

[role="tablist"] li:not([role="presentation"]) {
  ERROR: Remove the <li> semantics with the WAI-ARIA
  presentation role. Where the tab interface is instated,
  these semantics are irrelevant.;
}

[role="tablist"] a[aria-selected][tabindex="-1"] {
  ERROR: Remove the -1 tabindex value on the aria-selected
tab to make it focusable by the user. They should be
able to move to this tab only.;
}

[role="tablist"] a:not([aria-selected]):not([tabindex="-1"])
{
  ERROR: All unselected tabs should have the -1 tabindex value
and only be focusable using the left and right arrow keys.;
}

[role="tabpanel"]:not([aria-labelledby^="tab"]) {
  ERROR: Each tabpanel should have an aria-labelledby
attribute starting with "tab" followed by the corresponding
tab's number. This is the convention of tab systems in our
interface.;
}
```

테스트 주도 마크업

```css
[role="tablist"] ~ div:not([role="tabpanel"]) {
   ERROR: Each tabpanel needs to have the explicit tabpanel
WAI-ARIA role to be correctly associated with the
tablist that controls it.;
}

[role="tablist"] + div:not([role="tabpanel"]) {
   ERROR: The first element after the tablist should be a tab
panel with the tabpanel WAI-ARIA role. Screen reader
users must be able to move directly into the open tab panel
from the selected tab.;
}

.tab-interface ul:not([role="tablist"]),
[role="tablist"] a:not([role="tab"]),
[role="tablist"] li:not([role="presentation"]),
[role="tablist"] a[aria-selected][tabindex="-1"],
[role="tablist"] a:not([aria-selected]):not([tabindex="-1"]),
[role="tabpanel"]:not([aria-labelledby^="tab"]),
[role="tablist"] ~ div:not([role="tabpanel"]),
[role="tablist"] + div:not([role="tabpanel"])
{
   outline: 0.5em solid red;
}
```

물론 지금의 형태에서는 이중 어떤 테스트도 기술적인 빌드 실패를 가져오지는 않는다. 단지 프런트엔드 개발자가 쉽게 볼 수 있도록 시각적으로 에러를 강조할 뿐이다. 그러나 .test.css 파일을 운영 환경에도 포함시키고 싶지는 않을 것이다. 따라서 운영 환경의 빌드 위치에 파일을 복사할 때 .test.css라는 패턴을 사용하면 쉽게 제외시킬 수 있을 것이다.

만병통치약은 없다

테스트 주도 마크업 방식이 일반적인 접근성 테스트 방식과 다른 점은 명확하다. a11y.css와 같은 CSS 기반의 북마클릿이나 tenon.io[14]와 같은 고급 API를 사용하면 포괄적인 의미의 에러도 나타나게 해준다. 이는 특히 WCAG를 준수할 때 더욱 중요하다. 그러나 자신만의 패턴과 구조를 위해 자신만의 테스트를 작성하는 것은 기대하는 형태에 대해 더욱 세밀하고 구체적으로 접근하게 된다는 의미이다.

탭 인터페이스 구현은 서로 다를 수 있다. 예를 들어 탭과 패널 사이의 관계는 `aria-labelledby`보다는 `aria-controls`를 사용해 구현하는 편이 나을 수 있다. 여기서 작성한 테스트는 나의 특정 패턴이 규정된 방식으로 구현되었음을 보장하기 위한 것이다.

만약 자바스크립트와 CSS 후크(`data`와 `class` 속성)가 존재한다면 그 역시 테스트 대상이 되어야 한다.

인클루시브 디자인 패턴을 위한 자신만의 라이브러리를 개발하는 경우에는 그런 테스트 작성을 권장한다. 시간이 흐르고 동료들 사이에서 패턴이 진화하더라도 무결성을 온전히 유지할 수 있기 때문이다. 에러가 발생하면 에러 메시지를 통해 기회가 생긴 것이다. 바로 여러분의 의사결정 내용과 인클루시브한 마크업을 구성한 방법에 대해 동료들에게 설명할 기회 말이다.

---

14 http://tenon.io/

참고 자료

이 책을 끝까지 읽어준 여러분에게 감사의 말을 전합니다!

패턴에 관한 책을 집필할 때 가장 멋진 것 중의 하나는 이야기할 수 있는 패턴이 항상 더 있다는 사실입니다. 눈치챘을 테지만 이는 내가 언제든 속편을 쓸 수 있다는 의미입니다! 내가 연구할 수 있는 어떤 인클루시브 패턴이 있거나, 생각하고 있는 것이 있다면 트위터 @heydonworks를 통해 나를 찾기 바랍니다. 또한 이 책에서 모순이나 오류를 발견한다면 오류를 정정할 수 있도록 저 또는 스매싱 매거진에 연락바랍니다.[1]

다음은 반응형 디자인부터 UX, 기술적 접근성, 성능, 국제화 등 대부분을 다루는 인클루시브 디자인과 관련해 추천할 만한 참고 자료입니다.

도서

- Sarah Horton and Whitney Quesenbery, *A Web For Everyone*, http://smashed.by/aweb4everyone
- Heydon Pickering, *Apps For All*, http://smashed.by/apps4all
- Jeffrey Zeldman with Ethan Marcotte, *Designing With Web Standards*, http://smashed.by/webstandards
- Aaron Gustafson, *Adaptive Web Design*, https://adaptivewebdesign.info/
- Donald A Norman, *The Design Of Everyday Things*, 박창호 옮김, 《도널드 노먼의 디자인과 인간 심리》, http://smashed.by/everydaythings
- Geri Coady, *Colour Accessibility*, https://gumroad.com/l/loura11y
- Steve Krug, *Don't Make Me Think*, 이미령 옮김, 《사용자를 생각하게 하지 마! : 웹과 모바일 사용성 원칙으로 디자인하는 UX》, http://smashed.by/dontmakemethink
- Scott Jehl, *Responsible Responsive Design*, http://smashed.by/resres
- Andy Davis, *Web Performance*, https://andydavies.me/books/#webper-

---

[1] http://smashed.by/errata

formance
- Anna Debenham, *Front-end Style Guides*, https://www.maban.co.uk/projects/front-end-style-guides/
- Chui Chui Tan, *International User Research*, https://gumroad.com/l/international-user-research
- Andy Polaine, Lavrans Lovlie, Ben Reason, *Service Design — From Insight To Implementation*, http://smashed.by/servicedesign
- Graham Pullin, *Design Meets Disability*, http://smashed.by/desdis
- David Platt, *The Joy of UX — User Experience and Interactive Design for Developers*, http://smashed.by/joyux
- Jonathan Hassell, *Including Your Missing 20% By Embedding Web And Mobile Accessibility*, https://www.hassellinclusion.com/landing/book/
- Eric Meyer and Sara Wachter Boettcher, *Design For Real Life*, 김진영 옮김, 《사람을 배려하는 디자인》, http://smashed.by/reallife
- Christopher Alexander, *The Timeless Way Of Building*, 한진영 옮김, 이정은 감수, 《영원의 건축》, http://smashed.by/timelessway

블로그
- 매크로의 접근성 블로그 https://www.marcozehe.de/
- 파시엘로그룹 블로그 https://developer.paciellogroup.com/blog/
- 접근성이 이긴다 https://a11ywins.tumblr.com/
- Tink.uk(레오니 왓슨) https://tink.uk/
- 에이드리언 로젤리 http://adrianroselli.com/
- 심플리 액세서블 http://simplyaccessible.com/articles/
- 웹엑스(데니스 렘브리) http://www.webaxe.org/
- 웹AIM 블로그 https://webaim.org/blog/
- 칼 그로브스 http://www.karlgroves.com/
- 레벨 액세스 블로그 https://www.levelaccess.com/blog/
- 디큐 시스템 블로그 https://www.deque.com/blog/

- 테릴 톰프슨 http://terrillthompson.com/blog/
- 닐슨노먼그룹 https://www.nngroup.com/articles/
- 영국 정부 접근성 블로그 https://accessibility.blog.gov.uk/
- 루크 로블르스키 http://www.lukew.com/ff/
- UX 부스 http://smashed.by/a11yforms/

스매싱 매거진의 참고 도서

- Heydon Pickering, *Apps For All: Coding Accessible Web Applications*.
- Andy Clarke, *Hardboiled Web Design : Fifth Anniversary Edition*.
- John Allsopp, Daniel Mall, Vitaly Friedman, Eileen Webb, Sara Soueidan, Zoe M. Gillenwater, Bram Stein, Yoav Weiss, Fabio Carneiro, Tom Maslen, Ben Callahan and Andy Clarke, *Smashing Book #5 : Real-Life Responsive Web Design*.
- Paul Boag, *Digital Adaptation*, 이선주 옮김,《우리 회사 디지털로 리셋하기》.
- Harry Roberts, Nicholas Zakas, Christian Heilmann, Tim Kadlec, Mat Marquis, Addy Osmani, Aaron Gustafson, Paul Tero, Marko Dugonjić, Corey Vilhauer, Rachel Andrew, Nishant Kothary and Christopher Murphy, *Smashing Book #4 : New Perspectives on Web Design*.

그 밖의 자료를 확인하려면 smashingmagazine.com/books/를 방문하기 바랍니다.

지은이

헤이던 피커링 Heydon Pickering

실용주의 디자이너, 작가, 대중 강연자이자 스매싱 매거진[1]의 접근성 분야 편집자이자 파시엘로그룹[2]의 접근성 컨설턴트다. 웹을 인클루시브하게 만드는 새롭고 혁신적인 방안에 관심이 많다. 특히 사용자 연구, 시스템적 사고, 전통적인 시맨틱 HTML과 관련된 사항을 다룬다. 글쓰기나 코딩, 강연을 하지 않는 시간에는 정신 건강과 관련된 활동을 한다. 또 사운드 디자인 실험, 튜닝한 깁슨 기타로 둠 메탈의 리프를 연구하고 기네스 맥주와 나가 칠리로 에너지를 충전한다.

감수자

로드니 렘 Rodney Rehm

독일 남부를 근거지로 하는 웹 개발자다. 풀스택 프리랜서로 10여 년을 활동한 후에 도이체텔레콤의 스마트홈 플랫폼 키비콘Qivicon에서 프런트엔드 개발에 참여하고 있다. URI.js[3]와 ally.js[4]의 제작자이며 브라우저에서 LibSass를 구동하게 하는 Sass.js[5] 개발에도 참여했다. 그리고 세계 최초로 버기필buggy-fill[6]을 만들었다.

감수자

스티브 포크너 Steve Faulkner

웹 접근성 수석 컨설턴트이자 TPG 캐피털 기술 이사다. 2006년 파시엘로그룹에 합류했으며 그전에는 비전오스트레일리아[7]의 웹 접근성 수석 컨설턴트

---

1 https://www.smashingmagazine.com/tag/accessibility/
2 https://www.paciellogroup.com/
3 http://medialize.github.io/URI.js/
4 https://allyjs.io/
5 https://github.com/medialize/sass.js/
6 https://github.com/rodneyrehm/viewport-units-buggyfill
7 https://github.com/rodneyrehm/viewport-units-buggyfill

였다. 또한 접근성 테스트 도구인 Web Accessibility Toolbar[8] 개발을 지휘하고 있다. W3C 웹 플랫폼 워킹그룹과 ARIA 워킹그룹을 포함한 여러 단체에서 활동하고 있으며 다음과 같은 여러 W3C[9] 표준 명세 편집자이기도 하다.

- HTML5.3[10]
- ARIA in HTML[11]
- Using ARIA[12]
- 유용한 대체 텍스트 제공 기법Techniques for providing useful text alternatives[13]

HTML5accessibility.com의 제작자이자 운영자이기도 하다.

---

[8] https://www.paciellogroup.com/resources/wat/
[9] https://w3.org/
[10] https://w3c.github.io/html/
[11] https://w3c.github.io/html-aria/
[12] https://w3c.github.io/using-aria/
[13] http://w3c.github.io/alt-techniques/에서 확인할 수 있었으나 지금은 종료되어 더 이상 제공하지 않는다.